Happy Birthday

MIXX

5 Jahre MIXX. Das sind 60 Monate, 30 Ausgaben, über 1000 Rezepte und damit unzählige Genussmomente mit der Familie oder lieben Freunden – das muss gefeiert werden!!! Doch statt hier in der Redaktion die Korken knallen zu lassen und uns selbst auf die Schulter zu klopfen, haben wir beschlossen: Wir stellen zum 5-jährigen Jubiläum der ersten Thermomix®-Zeitschrift Deutschlands etwas ganz Besonderes auf die Beine: Dieses Special nämlich, sogar mit Spatel und zum Jubiläumspreis! Und darin haben wir unsere Lieblingsrezepte aus all den Jahren versammelt, quasi unser ganz persönliches Greatest-Hits-Album. Leichter gesagt, als getan. Als wir 30 MIXX vor uns ausgebreitet haben, bekamen wir angesichts der vielen Rezepte erstens Hunger und zweitens war es gar nicht so leicht, sich auf ein Best-of zu einigen: Franz-Christoph wollte viel Herzhaftes, Antje Familienrezepte; Christine hat sich für Pasta starkgemacht, Sylvia für All-in-One und ich habe eine Lanze für Suppen geschlagen, bei denen der Thermomix® seine ganze Power und Schnelligkeit ausspielen kann. Und weil für mich die Desserts von Manuela und Joëlle Herzfeld Kalorien zum Verlieben sind, freue ich mich auf diese Rezepte ganz besonders. Und: Danke Manuela & Joëlle für drei neue, herzhafte Rezepte, die Ihr exklusiv für dieses Jubiläums-Special kreiert habt!!!! Apropos neu: Unter der Regie von Sylvia Lühert haben wir viele der älteren Rezepte extra für dieses Special neu fotografiert. Danke für Euren Einsatz!!! Vor allem: Danke Euch, liebe Leserinnen und Leser, dass Ihr dieses Special in den Händen haltet – viel Freude damit wünsche ich Euch

Herzlichst

Felix Krohmer, Chefredakteur (frei)

ANTJE HEEL, HERAUSGEBERIN

CHRISTINE BIRNBAUM (L.), OBJEKTLEITUNG UND AUTORIN; SYLVIA LÜHERT, REZEPTENTWICKLUNG

FRANZ-CHRISTOPH HEEL, VERLEGER

MANUELA + JOËLLE HERZFELD, FOODWITHLOVE.DE

FELIX KROHMER, CHEFREDAKTEUR

„HAPPY BIRTHDAY"

INHALT

JUBILÄUMS-MIXX

DAS BESTE AUS DEM THERMOMIX®

HAPPY B
MIXX

5 JAHRE

Congratulations

VIELEN DANK FÜR DIE LETZTEN 5 JAHRE. ES MACHT WIRKLICH VIEL SPAẞ MIT EUCH ZUSAMMENZUARBEITEN. DAS HEFT IST TOLL - KOMPLIMENT! GERNE SIND WIR AUCH IN DEN KOMMENDEN JAHREN TEIL DES MAGAZINS.

GEFU®

REZEPTE, IDEEN, INNOVATIONEN, TIPPS UND TRICKS - EINFACH DAS KOMPLETTE PAKET - HAT MICH VON ANFANG AN FASZINIERT AN DER MIXX. EINE GENIALE IDEE, EIN PRINT-MAGAZIN SPEZIELL FÜR DEN THERMOMIX® RAUSZUBRINGEN, GRATULATION! UND BESONDERS FREUT ES MICH, DASS ICH IMMER WIEDER MAL MIT MEINEN LOW-CARB-REZEPTEN DABEI SEIN DARF!

CINDY CREATIV
...immer neu immer anders!

Cindy Bauer-Zils - Trio-Parat

HERZLICHEN GLÜCKWUNSCH ZUM 5TEN GEBURTSTAG! TOLLES MAGAZIN, TOLLE THEMEN, TOLL AUFBEREITET UND PRÄSENTIERT ... FÜR UNS ALS DEUTSCHEM HERSTELLER EIN ABSOLUTES MUSS, WENN ES DARUM GEHT, UNSERE PRODUKTE EINEM NACHHALTIGEN, KOCH- UND GENUSSAFFINEN PUBLIKUM WIEDER INS GEDÄCHTNIS ZU RUFEN. WEITERHIN ALLES GUTE UND VIEL ERFOLG WÜNSCHT

RÖMERTOPF® Das Original seit 1967

IRTHDAY

Herzlichen Glückwunsch zum 5-jährigen Jubiläum!! Die La Vida Verde Ölmanufaktur wünscht Euch alles Gute. Macht weiter so!! Wir freuen uns auf spannende Themen mit Euch und weiter eine gute Zusammenarbeit.

La Vida Verde

Wir freuen uns über den fünften Geburtstag der MIXX und gratulieren dazu ganz herzlich. Vielen Dank für tolle Rezeptideen, kulinarische Inspiration und die wertvolle Zusammenarbeit, durch die wir an diesem Erfolg teilhaben durften.

Ölmühle Solling

Mutig neue Wege gehen und Impulse setzen, das erfordert den eisernen Willen, Herausforderungen zu trotzen.
Zum 5-jährigen Bestehen der MIXX gratulieren wir ganz herzlich! Wir wünschen auch in Zukunft gutes Gelingen und freuen uns auf viele weitere Jahre erfolgreiche Zusammenarbeit.

Trio-Parat® Tolles für den Thermomix!

Holger Bauer - Trio-Parat

Weitere Grussworte findet ihr im Heft verteilt!

JOËLLE UND MANUELA HERZFELD

Von Herzen: Danke Manu & Joëlle!

MANUELA UND JOËLLE HERZFELD, DIE BEIDEN KREATIVEN KÖPFE HINTER FOODWITHLOVE.DE, HABEN MIT IHREN WUNDERBAREN REZEPTEN DIE MIXX BEREICHERT. DANKE EUCH BEIDEN VON HERZEN!!! UND DANKE FÜR DREI NEUE, EXKLUSIVE REZEPTE ZUM JUBILÄUM: BLUMENKOHL-SUPPE, TOMATEN-PASTA UND CHICKEN-AUFLAUF. SUPERLECKER!

food with love

WWW.FOODWITHLOVE.DE

BLUMENKOHL-TAHINI-SUPPE

DAS REZEPT DAZU FINDET IHR
AUF DER NÄCHSTEN DOPPELSEITE

NEUES REZEPT

PASTA MIT PESTO-TOMATEN-SAUCE

Zubereitungszeit: 30 Min.
Portionen: 4

Zutaten:
Basilikumpesto:
30 g Parmesan
30 g Pinienkerne
1 Knoblauchzehe
Saft einer halben Zitrone
50 g Basilikum
50 g Olivenöl
1 Prise Salz
1 kl. getrocknete Chilischote

Tomatensauce:
½ rote Zwiebel
1 kl. getrocknete Chilischote
1 Knoblauchzehe
20 g Olivenöl
400 g Dosentomaten
200 g passierte Tomaten
40 g Tomatenmark
200 g Wasser
1 Handvoll Basilikum
1 TL Oregano
1 Prise Zucker
Salz & Pfeffer

Außerdem:
500 g Pasta nach Wahl

Pesto:
Parmesan in den Mixtopf geben, **15 Sekunden | Stufe 10** zerkleinern.

Pinienkerne, Knoblauchzehe, Zitronensaft, Basilikum, Olivenöl, Salz und Chilischote zugeben, **20 Sekunden | Stufe 7** zerkleinern und umfüllen.

Tomatensauce:
Zwiebel, Chilischote und Knoblauchzehe in den sauberen Mixtopf geben, **5 Sekunden | Stufe 5** zerkleinern. Mit dem Spatel alles vom Rand nach unten schieben.

Olivenöl zugeben, **3 Minuten | 120°C | Stufe 1** dünsten.

Dosentomaten, passierte Tomaten, Tomatenmark, Wasser, Basilikum, Oregano und Zucker zugeben, **20 Minuten | 100°C | Stufe 1** kochen. Mit Salz und Pfeffer abschmecken.

Pasta auf dem Herd nach Packungsangabe kochen. Tomatensauce mit Pesto mischen und zusammen mit Pasta servieren.

PRO PORTION:
717 kcal | 21 g E | 25 F | 101 g KH

INTERVIEW MIT MANUELA HERZFELD

MANU, DU WARST VIELE JAHRE EIN TEIL DER MIXX. NICHT NUR MIT DEINEN TOLLEN REZEPTEN, SONDERN AUCH ALS WICHTIGER SPARRING-PARTNER. WIE WAR FÜR DICH DIE ZUSAMMENARBEIT?
MIR HAT VON ANFANG AN DER ZUSAMMENHALT WIE IN EINER FAMILIE UND DIE LEIDENSCHAFT FÜR GUTES ESSEN GEFALLEN – IHR HABT EINEN GUTEN SPIRIT BEI DER MIXX!!!

APROPOS LEIDENSCHAFT: DIESE IST EINE WICHTIGE ZUTAT FÜR DAS ERFOLGSREZEPT VON FOODWITHLOVE.DE, DEUTSCHLANDS ERFOLGREICHSTEM BLOG RUND UM DEN THERMOMIX®. WELCHE ZUTATEN GEHÖREN NOCH DAZU?
MEIN GEHEIMNIS IST, GLAUBE ICH, DASS MEIN GESCHMACK DEN NERV VON VIELEN TRIFFT. UND – SO WIE IHR BEI DER MIXX AUCH – MUSS MAN SICH IMMER WEITERENTWICKELN, NEUES AUSPROBIEREN UND DIE FREUDE AM KOCHEN UND GENIESSEN NIE VERLIEREN.

WENN DU AUF DIE BERÜHMTE EINSAME INSEL, WO DANN NATÜRLICH EIN THERMOMIX® SCHON FÜR DICH BEREIT STEHT, AUS 5 JAHREN MIXX NUR EIN REZEPT MITNEHMEN DARFST - WELCHES?
AUF ALLE FÄLLE PASTA WIE DIE VERSION IN DIESEM SPECIAL MIT TOMATEN-PESTO. NUDELN MACHEN GLÜCKLICH UND SIND SO VIELSEITIG: MIT SAUCE, ALS AUFLAUF ODER SALAT – LECKER!!!

REZEPT VON SEITE 9

BLUMENKOHL-TAHINI-SUPPE

Zubereitungszeit: 45 Min.
Portionen: 4

NEUES REZEPT

Zutaten:
1 Blumenkohl
1 Thymianzweig
3 EL Sesamöl
Salz & Pfeffer
1 Zwiebel
600 g warmes Wasser
1 EL Gemüsebrühpulver oder Gemüsefond
300 g Kochsahne, 15 % Fett
1 TL Zitronensaft
80 g Tahini
1 TL Honig

Außerdem:
Granatapfelkerne
1 EL gerösteter Sesam

Den Backofen auf 200 °C Ober-/Unterhitze vorheizen.

Blumenkohl in Röschen teilen, auf das Backblech geben. Thymianzweig zugeben. Mit 2 EL Sesamöl beträufeln, mit Salz und Pfeffer würzen, ca. 25 Minuten rösten.

Zwiebel in den Mixtopf geben, **5 Sekunden | Stufe 5** zerkleinern.

Restliches Sesamöl zugeben, **3 Minuten | 120°C | Stufe 1** dünsten.

Blumenkohl vom Backblech (eine Handvoll für die Deko beiseitestellen) in den Mixtopf zugeben, **10 Sekunden | Stufe 7** pürieren.

Wasser, Gemüsebrühpulver, Sahne, Zitronensaft und Tahini zugeben, **10 Minuten | 100°C | Stufe 1** kochen.
Honig zugeben, **30 Sekunden** aufsteigend **Stufe 4–8** pürieren.

Blumenkohlsuppe mit Salz und Pfeffer abschmecken, mit den gerösteten Blumenkohlröschen, Granatapfelkernen und Sesam toppen.

PRO PORTION:
381 kcal | 10 g E | 31 g F | 16 g KH

NEUES REZEPT
STAUB

FAJITA-CHICKEN-AUFLAUF

Zubereitungszeit: 50 Min.
Portionen: 4

Zutaten:

½ Bund Petersilie
200 g Mozarella

Fajita-Gewürz:
1 getrocknete Chilischote
1 TL Salz
2 TL Paprikapulver, edelsüß
1 TL Rohrohrzucker
½ TL Knoblauchpulver
½ TL Cayennepfeffer
½ TL Kreuzkümmelsamen
¼ TL Zimt
¼ TL schwarzer Pfeffer

Außerdem:
4 Hähnchenbrustfilets
1 EL Öl zum Beträufeln
1 rote Paprikaschote, in Streifen
1 grüne Paprikaschote, in Streifen
1 Zwiebel, in Ringe geschnitten
1 Dose Mais, Abtropfgewicht 285 g

Den Backofen auf 200°C Ober-/ Unterhitze vorheizen. Eine Auflaufform leicht fetten.

Petersilie in den Mixtopf geben, **3 Sekunden | Stufe 8** zerkleinern und umfüllen.

Mozzarella in den Mixtopf geben, **5 Sekunden | Stufe 4** zerkleinern und umfüllen. Die Gewürze in den Mixtopf geben, **10 Sekunden | Stufe 10** pulverisieren und die Filets damit rundherum bestreuen. 1 TL vom Gewürzmix zurück behalten, das wird nachher ich über den Auflauf gestreut.

Hähnchenfilets in einer Pfanne mit etwas Öl kurz anbraten, damit es Farbe bekommt und in die vorbereitete Auflaufform geben.

Filets mit Öl beträufeln, mit Paprikastreifen und Zwiebelringen belegen. Mais darüber geben und mit dem restlichen Fajita-Gewürzen bestreuen.

Zerkleinerten Mozzarella darüber geben und im vorgeheizten Backofen ca. 30 Minuten backen, je nach Dicke des Fleisches.

Fajita Chicken mit gehackter Petersilie bestreut servieren.

Statt Mozzarella könnt ihr auch Gouda nehmen.

PRO PORTION:
483 kcal | 62 g E | 16 g F | 22 g KH

„Dazu passt Reis, Gemüse, oder Tortillas"

JOËLLE HERZFELD

BUBBLE BREAD

Zubereitungszeit: 60 Min. + Wartezeit
Portionen: ca. 10 (1 rundes Backblech Ø 30cm)

Zutaten:
Teig:
300 g Wasser
1 Prise Zucker
20 g frische Hefe
2 EL Olivenöl
500 g Mehl, Type 550
1 TL Salz

Kräuterbutter:
100 g Butter, weich
1 TL Salz
20 g + 1 EL Parmesan, gerieben
1 EL Petersilie, gehackt

Wasser, Zucker und Hefe in den Mixtopf geben, **2 Minuten | 37°C | Stufe 2** verrühren. 5 Minuten ruhen lassen.

Restliche Teigzutaten zugeben, **5 Minuten | Teigstufe** kneten.

Den Teig in eine Schüssel umfüllen, abgedeckt 1 Stunde ruhen lassen.

In der Zwischenzeit die Kräuterbutter zubereiten. Die weiche Butter mit Salz, 20 g Parmesan und Petersilie in einer kleinen Schüssel verrühren oder im Thermomix® **30 w | Stufe 3** verrühren.

Das Backblech mit etwas Kräuterbutter einstreichen. Vom Teig kleine Teigportionen von ca. 15 g abstechen, rund formen und auf dem Backblech aneinander setzen.

Mit Kräuterbutter bestreichen und 1 EL Parmesan aufstreuen, abgedeckt noch mal 20 Minuten ruhen lassen. In dieser Zeit den Backofen auf 180°C Umluft vorheizen und das Bubble Bread 20–25 Minuten goldbraun backen.

PRO PORTION:
284 kcal | 6 g E | 12 g F | 36 g KH

„Ein echter Augenschmaus"
JOËLLE HERZFELD

„Birne und Schoko – eine wunderbare Kombi!"

MANUELA HERZFELD

JOËLLES TIPP FÜR EUCH:

„DIE GERÖSTETEN HASELNÜSSE ALS TOPPING SIND NICHT NUR EIN HINGUCKER, SONDERN AUCH EIN GESCHMACKSTRÄGER. WER ES BESONDERS NUSSIG MAG, NIMMT EINFACH DIE DOPPELTE MENGE HASELNÜSSE"

BROWNIE-SCHOKOMOUSSE-TORTE MIT BIRNEN

Zubereitungszeit: 90 Min. plus 30 Min. Backzeit und ca. 2,5 Std. Kühlzeit
Portionen: 12 Stücke (1 Springform Ø 20 cm)

Zutaten:
Teig:
100 g Zartbitterschokolade
150 g Butter
2 Eier (Größe M)
1 Prise Salz
100 g brauner Zucker
1 TL Backpulver
80 g Mehl
35 g Backkakao
100 g gemahlene Haselnüsse

Füllung:
300 g Birnen, geschält, entkernt gewogen
150 g Birnensaft
15 g Zucker
½ Pck. Vanillepuddingpulver zum Kochen
ca. 3 EL warmes Wasser

Topping:
350 g Sahne
75 g Zartbitterschokolade
150 g Nussnougatcreme (z. B. Nutella®)
50 g Haselnüsse, ohne Haut

Guss:
100 g Sahne
75 g Zartbitterschokolade

Außerdem:
Fett für die Form

Den Backofen auf 160°C Umluft oder 180°C Ober-/Unterhitze vorheizen und eine Springform fetten.

Für den Teig Schokolade in den Mixtopf geben und **10 Sekunden | Stufe 7** zerkleinern. Butter dazugeben und **5 Minuten | 50°C | Stufe 1** schmelzen. Eier, Salz und Zucker hinzufügen und **45 Sekunden | Stufe 4** verrühren.

Backpulver, Mehl, Kakao und gemahlene Nüsse hinzugeben und **20 Sekunden | Stufe 5** unterrühren. Den Teig in die vorbereitete Springform geben und im Ofen ca. 25 Minuten backen. Stäbchenprobe durchführen.

Für die Füllung Birnen in Stücken in den Mixtopf geben und **2 Sekunden | Stufe 4** grob zerkleinern. Birnensaft und Zucker dazugeben und **5 Minuten | 100°C | Sanftrührstufe** kochen lassen.

Puddingpulver und Wasser in einer kleinen Schüssel verrühren, in den Mixtopf dazugeben und weitere **4 Minuten | 90°C | Linkslauf | Sanftrührstufe** aufkochen lassen. Das Birnenkompott etwas auskühlen lassen, dann auf den Brownieboden geben und dabei einen Rand von ca. 1 cm frei lassen.

Für das Topping den Rühraufsatz in den Mixtopf einsetzen. Sahne in den Mixtopf geben, unter Sichtkontakt auf **Stufe 3,5** steif schlagen und umfüllen. Den Mixtopf spülen.

Schokolade in den Mixtopf geben und **10 Sekunden | Stufe 7** zerkleinern. Nussnougatcreme hinzufügen, **5 Minuten | 45°C | Stufe 1** verrühren und erwärmen. Abkühlen lassen.

Abgekühlte Nussnougatcreme zur Sahne geben und mit einem Schneebesen oder Teigschaber vorsichtig unterheben. Die Mousse auf das Birnenkompott geben und ca. 2,5 Stunden in den Kühlschrank stellen.

Den Backofen zum Rösten der Haselnüsse auf 180°C Umluft vorheizen. Nüsse auf das Backblech geben und ca. 5 Minuten goldbraun rösten, nach dem Erkalten grob hacken.

Für den Guss Sahne in den Mixtopf geben und **5 Minuten | 90°C | Stufe 1** erwärmen. Schokolade in Stücken dazugeben und kurz auf **Stufe 3** verrühren, 5 Minuten ruhen lassen und dann **20 Sekunden | Stufe 3** verrühren. Den Guss auf der Torte verteilen und mit Haselnüssen bestreuen.

PRO PORTION:
559 kcal | 8 g E | 42 g F | 35 g KH

KARAMELLPUDDING MIT BAISER-PUFFS

Zubereitungszeit: 30 Min. + Abkühlzeit
Portionen: 4

Zutaten:
70 g brauner Zucker
1 TL Karamellsirup (z. B. von Monin)
2 EL Sahne
500 g Milch
2 Eigelbe (Größe M)
35 g Speisestärke
1 Prise Salz
1 TL Vanilleextrakt

Baiser-Puffs:
2 Eiweiße (Größe M)
1 TL Zitronensaft
100 g Zucker

Zucker in den Mixtopf geben, **3 Sekunden | Stufe 8** pulverisieren. Karamellsirup und Sahne zugeben, **12 Minuten | Varoma | Stufe 1** aufkochen.

Milch, Eigelbe, Speisestärke, Salz und Vanilleextrakt zugeben, **8 Minuten | 90°C | Stufe 3** köcheln lassen.

Pudding in Gläser füllen und abkühlen lassen.

Für die Baiser-Puffs den Rühraufsatz in den Mixtopf einsetzen.

Eiweiße und Zitronensaft in den sauberen Mixtopf geben, **4 Minuten | Stufe 3,5** ohne eingesetzten Messbecher steif schlagen, dabei den Zucker nach und nach langsam in den Mixtopf einrieseln lassen.

Gegebenenfalls die Zeit verlängern und so lange weiterschlagen, bis eine glänzende, feste Baisermasse entsteht.

Masse in einen Spritzbeutel mit Lochtülle füllen und kleine Tuffs auf den Pudding spritzen. Mit einem Küchengasbrenner vorsichtig abflämmen. Sofort servieren.

PRO PORTION:
320 kcal | 7 g E | 6 g F | 58 g KH

JOËLLE HERZFELD

WAS
FÜRS AUGE

ZITRONENTARTE MIT BAISER

Zubereitungszeit: ca. 90 Min.
Portionen: 12 Stücke

Zutaten:
Teig:
125 g Zucker
125 g Butter + etwas für die Form
250 g Weizenmehl, Type 405
1 Ei (Größe M)
1 Prise Salz
Mark einer halben
Vanilleschote

Zitronencreme:
220 g Zucker
5 Eier (Größe M)
60 g griechischer Joghurt
60 g Sahne
Saft von 5 Bio-Zitronen, ca. 160 g
+ Abrieb von 2 Bio-Zitronen

Baiser:
80 g Zucker
2 Eiweiße (Größe M)
1 Prise Salz

Außerdem:
Tarte-Form ø 26 cm
Hülsenfrüchte zum Blindbacken
Zitronenscheiben und Minze zum Garnieren

Tarte- oder Springform gut fetten.

125 g Zucker in den Mixtopf geben, **15 Sekunden | Stufe 10** pulverisieren.

Butter, Mehl, Ei, Salz und Vanillemark zugeben und mithilfe des Spatels **30 Sekunden | Stufe 5** kneten.

Den Teig in Klarsichtfolie wickeln und für 30 Minuten in den Kühlschrank legen.

Den Backofen auf 200°C Ober-/Unterhitze vorheizen. Den Teig ausrollen, über die Form legen und komplett damit auskleiden, dabei einen Rand hochziehen.

Den Teig mehrfach mit einer Gabel einstechen, mit Backpapier auslegen und die Hülsenfrüchte einfüllen, für ca. 20 Minuten blindbacken.

Die Hülsenfrüchte und das Backpapier entfernen und weitere 5–10 Minuten backen und in der Form abkühlen lassen.

Die Backofentemperatur auf 180°C reduzieren. Währenddessen die Zitronencreme zubereiten.

220 g Zucker in den Mixtopf geben, **20 Sekunden | Stufe 10** pulverisieren.

Den Rühraufsatz in den Mixtopf einsetzen.
Eier zugeben, **5 Minuten | Stufe 3,5** schaumig schlagen. Joghurt, Sahne, Zitronensaft und Abrieb von zwei Zitronen hinzugeben, **15 Sekunden | Stufe 2,5** unterrühren.
Creme auf den Boden geben, weitere 30–40 Minuten backen. Danach die Zitronentarte gut abkühlen lassen.

Für das Baiser 80 g Zucker in den Mixtopf geben, **10 Sekunden | Stufe 10** pulverisieren. Rühraufsatz in den Mixtopf einsetzen.

Eiweiße und Salz zugeben, **3 Minuten | 50°C | Stufe 3,5** steif schlagen. Rühraufsatz entfernen.

Baisermasse mit einem Löffel auf der Tarte verteilen. Oberfläche mit einem Flambierbrenner leicht bräunen. Zitronentarte gekühlt servieren, direkt vor dem Servieren mit Minzblättern und Zitronenscheiben dekorieren.

PRO PORTION:
356 kcal | 7 g E | 13 g F | 53 g KH

„WER KEINEN FLAMBIER-BRENNER HAT, STELLT DEN KUCHEN FÜR EINIGE MINUTEN IN DEN OFEN UNTER DEN GRILL"
MANUELA HERZFELD

EINFACH HIMMLISCH!!!!

„Die Kombi ist einfach genial."

MANUELA UND JOËLLE HERZFELD

OREO®-HIMBEER-TRAUM

Zubereitungszeit: 15 Min.
Portionen: 4

Zutaten:
10 Oreo®-Kekse
200 g Himbeeren
1 EL Ahornsirup
40 g brauner Zucker
200 g Sahne
½ Pck. Sahnesteif
1 TL Vanillezucker
250 g Magerquark

Außerdem zum Garnieren:
frische Himbeeren
Minzblättchen

Oreos® in den Mixtopf geben, **5 Sekunden | Stufe 7** zerkleinern und umfüllen.

Himbeeren mit Ahornsirup und braunem Zucker in den Mixtopf geben, **5 Minuten | 100°C | Stufe 1** aufkochen und umfüllen. Abkühlen lassen.

Mixtopf spülen.
Rühraufsatz in den Mixtopf einsetzen.

Sahne mit Sahnesteif und Vanillezucker in den Mixtopf geben, unter Sichtkontakt bei **Stufe 3,5** steif schlagen. Quark und die Hälfte des abgekühlten Himbeerpürees zugeben, **15 Sekunden | Linkslauf | Stufe 3** unterrühren.

Die Hälfte der zerkleinerten Oreos® auf die Gläser verteilen.

Darauf die Hälfte der Quarkcreme geben, dann das restliche Himbeerpüree und die übrige Quarkcreme schichten.

Mit einer Keksschicht abschließen und eine Himbeere und Minzblättchen daraufgeben.

PRO PORTION:
419 kcal | 9 g E | 21 g F | 45 g KH

JOËLLES
TIPP FÜR EUCH:

„WER NICHT GENUG VON DEN KEKSEN BEKOMMEN KANN, EINFACH 15 STATT 10 NEHMEN ...“

Soup of the Day

Löffel-weise Genuss

WENN DIE TAGE KÄLTER WERDEN, WÄRMT EINE LECKERE SUPPE WUNDERBAR VON INNEN – GENAU DAS RICHTIGE FÜR SCHLECHTWETTERTAGE!!! HIER UNSERE LIEBLINGSREZEPTE AUS 5 JAHREN MIX, ALLESAMT IM THERMOMIX® GANZ FIX GEMACHT

Rezept auf der nächsten Seite
ROTE-LINSEN-SUPPE – EXTREM LECKER!!!

Rote-Linsen-Suppe mit Kokosmilch

SO EINFACH GEHT INDISCH KOCHEN

Zubereitungszeit: 60 Min.
Portionen: 4

Zutaten:
1 Zwiebel
15 g Ingwer
200 g rote Linsen
20 g Rapsöl
1 EL rote Currypaste
2-3 rote Paprikaschoten
750 g Hühnerbrühe
400 g Kokosmilch
Salz & Pfeffer
Currypulver nach Geschmack
Saft einer halben Zitrone
optional etwas frischer Koriander

Zwiebel und Ingwer schälen und in groben Stücken in den Mixtopf geben und **5 Sekunden/Stufe 5** zerkleinern, umfüllen, Mixtopf auswaschen.

Die Linsen in einem Sieb unter kaltem Wasser kurz abspülen. Rapsöl und Currypaste in den Mixtopf geben und **3 Minuten/100°C/Stufe 2** schmelzen. Zwiebel-Ingwer-Mischung zufügen und **3 Minuten/100°C/Stufe 2** andünsten.

Paprika waschen, Kerngehäuse entfernen und grob zerkleinern. Linsen und Paprika in den Mixtopf zugeben und weitere **3 Minuten/100°C/Stufe 2** dünsten.

Kokosmilch und Brühe hinzugeben und alles zusammen **10 Minuten/100°C/Stufe 1** und nochmals **30 Minuten/80°C/Stufe 1** köcheln lassen. Anschließend **30 Sekunden/Stufe 8–10** langsam ansteigend pürieren. Mit Salz, Pfeffer, Curry und Zitronensaft abschmecken.

Wer mag, kann die Suppe mit frischem Koriander servieren.

PRO PORTION:
442 kcal | 17 g E | 24 g F | 39 g KH

DU BIST DAS SALZ IN MEINER SUPPE!!!

Rinderkraftbrühe mit Markklößchen

Zubereitungszeit: 2 Std. 15 Min.
Portionen: 4

Zutaten:
1 Pck. Suppengrün
1 mittelgroße Zwiebel
500 g Suppenfleisch (z. B. Ochsenbein, Querrippe, Hochrippe)
500 g Markknochen
2 EL Rapsöl
Salz & weißer Pfeffer
5 weiße Pfefferkörner
1 Lorbeerblatt
1500 g Wasser
5 Stängel Petersilie, gewaschen, trocken geschüttelt, Blättchen abgezupft
1 Ei
80 g Paniermehl
Muskat
150 g TK-Erbsen

Suppengrün putzen und waschen, Zwiebel schälen und alles würfeln. Fleisch und Knochen waschen, mit Küchenpapier trocken tupfen. Öl in einem Topf erhitzen. Fleisch, Knochen und Gemüse darin anbraten.

Gewürze zufügen und Wasser angießen. Ca. 2 Stunden im offenen Topf köcheln lassen. Knochen nach 10-15 Minuten herausnehmen, Mark herauslösen, zur Seite stellen, Knochen wieder in die Suppe geben.

Blättchen von 3 Stängeln Petersilie in den Mixtopf geben und **3 Sekunden/Stufe 7** zerkleinern, mit dem Spatel nach unten schieben. Herausgelöstes Mark, Ei und Paniermehl zufügen und **20 Sekunden/Stufe 3** vermengen. Mit Salz, Pfeffer und Muskat würzen, dann kleine Klößchen formen und kalt stellen.

Restliche Petersilie klein hacken. Erbsen und Markklößchen in die Suppe geben, mit Salz und Pfeffer würzen und ca. 5 Minuten darin gar ziehen lassen. Mit Petersilie bestreut servieren.

PRO PORTION:
420 kcal | 31 g E | 20 g F | 30 g KH

FRUCHTIG? NEIN, CREMIG!

Paprikacreme-suppe

Zubereitungszeit: 30 Min.
Portionen: 4

Zutaten:
500 g rote Paprikaschoten
200 g Kartoffeln
3 Schalotten
2 Knoblauchzehen
20 g Butter
200 g Sahne
500 g Gemüsebrühe, fertig angerührt
Salz & Pfeffer
Muskatnuss
4 Stiele Schnittlauch, gewaschen, mit der Schere in feine Ringe schneiden

Paprika waschen, Kerne entfernen und bis auf eine Hälfte grob zerkleinern. Die andere Hälfte quer halbieren und in 8 dünne Ringe schneiden und beiseite legen. Kartoffeln waschen, schälen und in Würfel schneiden.

Schalotten und Knoblauch schälen, in den Mixtopf geben und **5 Sekunden/Stufe 5** zerkleinern, mit dem Spatel nach unten schieben. Butter zugeben, **4 Minuten/120°C/Stufe 1** dünsten. Paprika- und Kartoffelstücke zugeben und **10 Sekunden/Stufe 7** zerkleinern. Sahne und Gemüsebrühe zugießen und **8 Minuten/100°C/Stufe 2** und dann weitere **10 Minuten/80°C/Stufe 2** köcheln lassen. Mit Salz, Pfeffer und Muskatnuss abschmecken. Anschließend **30 Sekunden/Stufe 8–10** langsam ansteigend pürieren.

Suppe in vorgewärmten Tellern anrichten, mit den Paprika-Ringen und dem Schnittlauch garnieren.

PRO PORTION:
288 kcal | 4 g E | 23 g F | 19 g KH

SYLVIA LÜHERT
REZEPTENTWICKLERIN

„BEI SUPPEN SPIELT DER THERMOMIX® SEINE GANZE STÄRKE AUS - GEHT SCHNELL, SCHMECKT LECKER UND IST GESUND! DIESE PAPRIKACREMESUPPE IST EINER MEINER ALL-TIME-FAVORITES, WEIL SIE SO WUNDERBAR AROMATISCH UND CREMIG IST."

Scharfer Tobak

Pulver, Flocken oder gleich die ganze Schote? Wer mit Chili kochen will, muss sich entscheiden. Der bekannteste gemahlene Chili ist der Cayennepfeffer, dabei handelt es sich um vermahlene Schoten der Chilisorte Cayenne. Steht im Rezept „Chilipulver", sollte man aufpassen, denn für gewöhnliches Chilipulver werden meist mildere Sorten verwendet. Wenn ihr nur Cayennepfeffer im Gewürzregal habt, bitte etwas weniger nehmen, wenn nicht ausdrücklich Cayenne gemeint ist, sondern nur „Chilipulver". Je länger Chili mitkocht, desto schärfer wird das Gericht. Also: Gut überlegen, wann ihr würzt.

Hühnersuppe Curry Chicken

Zubereitungszeit: 60 Min.
Portionen: 4

Zutaten:
2 Hähnchenbrüste ohne Haut
Salz & Pfeffer
140 g Butter
60 g Sahne
½ Lauchstange
1 kleine Karotte,
50 g Sellerie
1 Kartoffel
1 Tomate
ca. 3 cm Ingwer
1 rote Chilischote
1 Zwiebel
1 Knoblauchzehe
1 Apfel
½ Mango,
1 kleines Stück Ananas
4 EL indische Currymischung
500 g Hühnerbrühe, fertig angerührt oder aus dem Glas
1 EL Currypaste
100 g Orangensaft
250 g Kokosmilch
Limonensaft
Cayennepfeffer
Kurkuma
frisches Koriandergrün

Hähnchenbrüste waschen, trocken tupfen, salzen und pfeffern. 20 g Butter in einer Pfanne erhitzen, Hähnchenbrüste leicht anbraten und dann im Backofen bei 80°C ca. 20 Minuten ziehen lassen.

Schmetterling einsetzen, Sahne in den fettfreien Mixtopf füllen und **30 Sekunden/Stufe 3,5** halbsteif schlagen, umfüllen, kalt stellen, Mixtopf reinigen.

Lauch putzen, waschen und in dünne Ringe schneiden. Karotte, Sellerie und Kartoffel waschen, schälen, Tomate waschen, alles in kleine Würfel schneiden. Ingwer schälen, in dünne Scheiben schneiden, Chili waschen. Zwiebel und Knoblauch schälen, in den Mixtopf geben und **5 Sekunden/Stufe 5** zerkleinern, mit dem Spatel nach unten schieben. 80 g Butter zugeben und **3 Minuten/120°C/Stufe 1** glasig dünsten. Gemüsewürfel zugeben und weitere **5 Minuten/120°C/Stufe 1** dünsten. Ganze Chilischote und Ingwer zugeben, mit dem Spatel unterheben und weitere **4 Minuten/120°C/Stufe 1** mitdünsten.

Apfel, Mango, Ananas schälen und würfeln. Einige EL der Obstwürfel für die Garnitur aufheben, den Rest mit 20 g Butter zum Gemüse geben, mit dem Spatel unterheben und weitere **4 Minuten/120°C/Stufe 1** dünsten, anschließend mit Currymischung bestäuben und der Hühnerbrühe auffüllen. Currypaste zugeben und mit dem Spatel einrühren. Orangensaft und Kokosmilch zugeben und alles zusammen **10 Minuten/100°C/Stufe 1** und dann **20 Minuten/80°C/Stufe 1** köcheln lassen. Chilischote entfernen.

Anschließend **30 Sekunden/Stufe 8–10** pürieren, durch ein Sieb passieren und Suppe auffangen. Halbsteif geschlagene Sahne unterrühren und mit Limonensaft, Salz, Cayennepfeffer und Kurkuma abschmecken.

Restliche Obstwürfel in 20 g Butter anschwenken, auf Suppenteller verteilen, Hähnchenbrust in Würfel schneiden, Suppe angießen. Mit frischem Koriander garnieren.

PRO PORTION:
954 kcal | 64 g E | 62 g F | 35 g KH

ES IST NOCH SUPPE DA

OB ALS VORSPEISE ODER GANZE MAHLZEIT - SUPPEN SIND JETZT GENAU DAS RICHTIGE

Hack-Suppe mit Estragon

Zubereitungszeit: 40 Min.
Portionen: 4

Zutaten:
200 g Zucchini
2 Zwiebeln
2 Knoblauchzehen,
300 g Kartoffeln
250 g Möhren
½ Knollensellerie (ca. 200 g)
2 EL Sonnenblumenöl
350 g gemischtes Hackfleisch
Salz & Pfeffer
1 EL Tomatenmark
800 g Gemüsebrühe, fertig angerührt oder aus dem Glas
200 g Schlagsahne
100 g Schmelzkäse
½ TL Cayennepfeffer
Saft von einer halben Zitrone
2 Stiele Estragon, gewaschen, trocken geschüttelt, Blättchen vom Stängel gezupft, fein gehackt
½ Bund Schnittlauch, gewaschen, trocken geschüttelt, in feine Röllchen geschnitten

DAZU PASST BAGUETTE

Zucchini putzen, waschen, in kleine Würfel schneiden, beiseitestellen.

Zwiebeln und Knoblauch schälen und in groben Stücken in den Mixtopf geben und **3 Sekunden/Stufe 5** zerkleinern, umfüllen und zur Seite stellen.

Kartoffeln, Möhren und Sellerie waschen, schälen und in groben Stücken in den Mixtopf geben, **3 Sekunden/Stufe 5** zerkleinern.

Öl in einem großen Topf erhitzen. Fleisch darin 6–8 Minuten krümelig anbraten, mit Salz und Pfeffer würzen. Zwiebeln, Knoblauch und Tomatenmark zufügen und weitere ca. 2 Minuten braten und anschließend in den Mixtopf geben.

Zucchini zufügen, mit Gemüsebrühe ablöschen und **9 Minuten/100°C/ Stufe 1** aufkochen, mit Salz und Pfeffer abschmecken und anschließend **10 Minuten/80°C/Stufe 1** köcheln lassen.

Sahne und Schmelzkäse zur Suppe geben, kurz mit dem Spatel umrühren und **3 Minuten/80°C/Stufe 2** köcheln und anschließend mit Salz, Pfeffer, Cayennepfeffer und Zitronensaft abschmecken. Schnittlauch und Estragon (bis auf etwas zum Garnieren) unterrühren. Suppe in Schalen anrichten und mit dem restlichen Estragon garnieren.

PRO PORTION:
607 kcal | 25 g E | 43 g F | 33 g KH

Süßkartoffel-Erdnuss-Suppe mit Curryhuhn

Zubereitungszeit: 40 Min.
Portionen: 4

Zutaten:
2 Hähnchenbrüste
2 Knoblauchzehen
1 TL Currypulver
2 EL + 20 g Sonnenblumenöl
2 Stangen Staudensellerie
700 g Süßkartoffeln
1 große Zwiebel
2 EL Erdnusscreme
200 g Kokosmilch
800 g Hühnerbrühe, fertig angerührt
2 EL Sojasauce
1 TL Kardamom
1 TL Kreuzkümmel
4–5 EL Limettensaft, frisch gepresst
Salz & Pfeffer
5 Stängel Koriandergrün, trocken geschüttelt, die Blättchen fein gehackt

PURES GLÜCK ZUM LÖFFELN

Hähnchenbrust waschen, trocken tupfen und in dünne Streifen schneiden. Knoblauch schälen, in den Mixtopf geben und **3 Sekunden/Stufe 5** zerkleinern, mit dem Spatel nach unten schieben. Die Hälfte des Knoblauchs entnehmen und mit den Hähnchenbruststreifen, dem Currypulver und 1 EL Öl vermischen und zugedeckt kühl stellen.

Staudensellerie waschen, putzen und in dünne Scheiben schneiden. Grün abschneiden und beiseitelegen. Süßkartoffeln waschen, schälen und in ca. 1,5 cm große Würfel schneiden.

Zwiebel schälen und halbiert in den Mixtopf zu dem restlichen Knoblauch geben und **5 Sekunden/Stufe 5** zerkleinern, mit dem Spatel nach unten schieben. 20 g Öl zugeben und **4 Minuten/120°C/Stufe1** andünsten. Sellerie dazugeben und **2 Minuten/100°C/Stufe 1** mitdünsten. Erdnusscreme und Süßkartoffeln zugeben und **10 Sekunden/Stufe 3** unterrühren. Kokosmilch und Brühe angießen und alles zusammen **10 Minuten/100°C/Stufe 1** und anschließend weitere **10 Minuten/80°C/Stufe 1** köcheln lassen.

Selleriegrün fein hacken. 1 EL Öl in einer beschichteten Pfanne erhitzen. Darin das Hähnchenfleisch bei starker Hitze rundherum anbraten, salzen, pfeffern und die Pfanne vom Herd nehmen.

Die Suppe **30 Sekunden/Stufe 8–10** cremig pürieren, mit Sojasauce, Kardamom, Kreuzkümmel, Salz, Pfeffer und Limettensaft würzen. Suppe auf Teller verteilen, Hähnchenbrustfiletstreifen, Selleriegrün und nach Belieben Koriandergrün darüberstreuen, servieren.

PRO PORTION:
614 kcal | 36 g E | 32 g F | 44 g KH

5 JAHRE VOLLER GENUSS UND SPAß AM MIXEN! WIR GRATULIEREN EUCH HERZLICH! UND HOFFEN, DASS IHR NOCH VIELE WEITERE JAHRE EURE LESER*INNEN UND UNS MIT IMMER NEUEN REZEPTIDEEN UND TIPPS BEGEISTERT. WIR SIND STOLZ DARAUF, FAST VON ANFANG AN TEIL DER MIXX ZU SEIN UND FREUEN UNS DARÜBER, DASS AUS DIESER PARTNERSCHAFT DAS VERTRAUEN GEWACHSEN IST, NOCH NÄHER ZUSAMMENZUARBEITEN, UND WIR SEIT APRIL EUREN MIXX-SHOP BETREUEN DÜRFEN.

wundermix

Andreas Schreiner - Geschäftsführer Wundermix GmbH

Zutaten:
1 mittelgroße Zwiebel
1 Knoblauchzehe
1 EL Rapsöl
250 g Rinderhackfleisch
Salz & Pfeffer
½ TL Zimt
2 EL Tomatenmark
1 Dose Tomaten, 850 ml
250 g Wasser
1 TL Gemüsebrühpulver (instant)
5 Stiele Petersilie, gewaschen, trocken geschüttelt, Blättchen vom Stängel gezupft
2 EL heller Balsamico-Essig
1 Prise Zucker
100 g Schlagsahne

Tomatensuppe mit geröstetem Hack

Zubereitungszeit: 30 Min.
Portionen: 4

Zwiebel und Knoblauch schälen, in groben Stücken in den Mixtopf geben und **5 Sekunden/Stufe 5** zerkleinern.

Öl in einer Pfanne erhitzen, Hack darin fein krümelig braten. Mit Salz, Pfeffer und Zimt würzen und herausnehmen. Zwiebel und Knoblauch im Bratfett andünsten.

Tomatenmark zugeben und kurz anschwitzen. Tomaten zugeben und 250 g Wasser zugießen, aufkochen, Brühe einrühren, mit Salz und Pfeffer würzen und zugedeckt ca. 15 Minuten köcheln lassen.

Petersilie in den Mixtopf geben und **3 Sekunden/Stufe 7** zerkleinern, umfüllen, zur Seite stellen.

Suppe in den Mixtopf geben und **30 Sekunden/Stufe 8–10** langsam ansteigend fein pürieren, mit Salz, Pfeffer, Essig und einer Prise Zucker abschmecken. Hack in die Suppe geben.

Suppe in Schüsseln füllen. Sahne einrühren und mit Petersilie bestreut servieren.

PRO PORTION:
319 kcal | 14 g E | 23 g F | 17 g KH

KINDER LIEBEN ES!

HACK GEHT IMMER

Unsere Lieblings-Pasta!

In fünf Jahren MIXX kamen so allerhand Pasta-Rezepte zusammen. Hier haben wir für Euch unsere absoluten Favoriten zusammengestellt

DAS REZEPT FINDET IHR AUF DER NÄCHSTEN SEITE
Avocado-Spaghetti

Avocado-Spaghetti

Zubereitungszeit: 20 Min.
Portionen: 2

Zutaten:
250 g Spaghetti
1 reife Avocado
2 EL Zitronensaft
50 g Ricotta
Salz
schwarzer Pfeffer, frisch gerieben
2 Stiele Petersilie, gewaschen, trocken geschüttelt, Blättchen abgezupft, fein gehackt

Spaghetti in reichlich kochendem Salzwasser nach Packungsanweisung garen. Garwasser nicht wegschütten.

Avocadofruchtfleisch aus der Schale lösen. Die eine Hälfte fein würfeln und mit 1 EL Zitronensaft beträufeln. Die andere Hälfte der Avocado mit dem restlichen Zitronensaft, Ricotta, Salz und Pfeffer in den Mixtopf geben und **10 Sekunden/Stufe 7** pürieren, mit dem Spatel nach unten schieben.

100 g Nudelwasser abschöpfen, ebenso in den Mixtopf geben und **5 Sekunden/Stufe 3** vermischen.

Die Avocadowürfel hinzugeben und **10 Sekunden/Linkslauf/ Sanftrührstufe** untermengen.

Spaghetti abgießen und auf zwei Tellern verteilt mit der Sauce übergießen und der Petersilie bestreuen.

Pro Portion:
668 kcal | 20 g E | 19 g F | 103 g KH

Kräuterpasta

MIT SCHMAND

Zubereitungszeit: 30 Min.
Portionen: 4

Zutaten:
50 g Parmesan
2 kleine Zucchini
150 g Kirschtomaten
6 EL Olivenöl
500 g Tagliatelle
1 Bund gemischte Kräuter (z. B. Zitronenmelisse, Kerbel, Sauerampfer, Petersilie, Schnittlauch), gewaschen, trocken geschüttelt, vom Stängel gezupft
2 Eier (Größe M)
250 g Schmand
Salz & Pfeffer

Parmesan in den Mixtopf geben und **5 Sekunden/Stufe 8** zerkleinern, umfüllen.

Zucchini putzen, waschen und in kleine Würfel schneiden. Tomaten waschen, vierteln, beiseitestellen. 4 EL Öl in einer Pfanne erhitzen, Zucchini darin bei mittlerer Hitze hellbraun anbraten.

Nudeln in reichlich kochendem Salzwasser nach Packungsanweisung bissfest garen, 150 g Nudelwasser aufheben.

Kräuter in den Mixtopf geben und **3 Sekunden/Stufe 7** zerkleinern, mit dem Spatel nach unten schieben. Eier, Schmand und 100 g Nudelwasser zugeben und **10 Sekunden/Stufe 10** pürieren.

50 g Nudelwasser und die Tomaten zu den Zucchini geben. Nudeln tropfnass zum Gemüse geben. Kräuterschmand untermischen. Mit Salz und Pfeffer abschmecken und mit Parmesan bestreuen. Mit Olivenöl beträufelt servieren.

PRO PORTION:
869 kcal | 26 g E | 41 g F | 94 g KH

ITALIEN-FEELING FRISCH AUS DEM OFEN

Spaghetti-Auflauf all'Amatriciana

Zubereitungszeit: 30 Min. plus Backzeit
Portionen: 4

Zutaten:
100 g Parmesan (Stück)
125 g Mozzarella
200 g geräucherte Schinkenspeckwürfel
3 mittelgroße Zwiebeln
20 g Olivenöl
2 EL (30 g) Tomatenmark
4 TL Pasta-Würzer (Ostmann)
1 TL Thymian
1 TL Oregano
500 g Spaghetti
1 Dose Tomaten, 850 ml
Salz & Pfeffer
Zucker

Fett für die Form

Parmesan in groben Stücken in den Mixtopf geben und **5 Sekunden/Stufe 8** zerkleinern, umfüllen. Mozzarella abtropfen lassen und in Scheiben schneiden.

Speck in einer tiefen Pfanne ohne zusätzliches Fett knusprig braten. 1 EL Speck herausnehmen und zur Seite stellen.

Zwiebeln schälen und in groben Stücken in den Mixtopf geben und **5 Sekunden/Stufe 5** zerkleinern, mit dem Spatel nach unten schieben. Olivenöl zufügen und **4 Minuten/120°C/Stufe 1** glasig dünsten. Restlichen Speck aus der Pfanne, Tomatenmark, Pasta-Würzer, Thymian und Oregano zufügen und **3 Minuten/100°C/Stufe 1** mit andünsten.

In der Zwischenzeit den Backofen vorheizen (E-Herd: 200°C / Umluft: 175°C / Gas: Stufe 3).

Die Nudeln in reichlich Salzwasser nach Packungsanweisung bissfest garen.

Speck-Zwiebel-Tomatenmark-Mix mit Tomaten samt Saft ablöschen, mit Salz, Pfeffer und Zucker würzen und **5 Minuten/100°C/Stufe 2** aufkochen und anschließend **5 Minuten/80°C/Stufe 2** ohne Messbecher köcheln lassen.

Nudeln abgießen und mit der Speck-Tomatensauce mischen. Nach Belieben als große Nester in eine große gefettete Auflaufform oder 4 kleine Förmchen füllen. Mozzarella und Parmesan darauf verteilen. Im vorgeheizten Backofen 20–25 Minuten goldbraun überbacken. Mit übrigem Speck bestreuen.

PRO PORTION:
825 kcal | 47 g E | 22 g F | 107 g KH

Für Gorgonzola-Lovers!

Makkaroni-Auflauf

MIT GORGONZOLA

Zubereitungszeit: 30 Min. plus Backzeit

Portionen: 4

Zutaten:
500 g Makkaroni
Salz
125 g Butter + etwas für die Form
75 g Mehl, Type 405
500 g Gemüsebrühe, fertig angerührt
750 g Milch, 1,5 % Fett
250 g Gorgonzola
Pfeffer
300 g gekochter Schinken, in Scheiben
1 Bund Lauchzwiebeln
500 g Kirschtomaten
2 Scheiben Toastbrot
75 g Haselnussblättchen

Makkaroni in reichlich kochendem Salzwasser ca. 10 Minuten garen.

75 g Butter in den Mixtopf geben und **3 Minuten/100°C/Stufe 2** erhitzen. Schmetterling einsetzen, Mehl zufügen und kurz verrühren **10 Sekunden/Stufe 3,5**. Gemüsebrühe und Milch zugeben und **7 Minuten/100°C/Stufe 3** köcheln lassen. Gorgonzola grob zerkleinert in die heiße Sauce geben und **20 Sekunden/Stufe 3** vermischen und schmelzen lassen, mit Salz und Pfeffer abschmecken.

Backofen vorheizen (E-Herd: 200°C / Umluft: 175° C / Gas: Stufe 3).

Schinken in dünne Streifen schneiden. Lauchzwiebeln waschen, in feine Ringe schneiden, Tomaten waschen und halbieren. Nudeln gut abtropfen lassen. Mit Lauchzwiebeln, Tomaten und Schinken mischen und in einer gefetteten Auflaufform verteilen. Sauce darübergießen.

Brot fein zerbröseln, mit Haselnussblättchen und 50 g Butter in Flöckchen auf dem Auflauf verteilen. Im vorgeheizten Backofen ca. 30 Minuten goldbraun backen.

PRO PORTION:
1058 kcal | 59 g E | 38 g F | 121 g KH

FELIX KROHMER
LIEBT NUDELAUFLÄUFE

„VON MIR AUS KANN ES (FAST) JEDEN TAG PASTA GEBEN. UND WENN DANN NOCH EIN HERZHAFTER NUDELAUFLAUF – WIE DIESER HIER – FRISCH AUS DEM OFEN AUF DEN TISCH KOMMT, BIN ICH IM PASTA-HIMMEL!!!"

Nudel-Bowl
MIT CURRY

Zubereitungszeit: 35 Min.
Portionen: 4

Zutaten:
500 g Hähnchenbrust
Salz & Pfeffer
20 g Ingwer
100 g Prinzessbohnen
100 g Brokkoli
100 g Hokkaido-Kürbis
1 kleine Zwiebel
20 g Kokosöl
3 Sternanis
1 TL Kurkuma (+ etwas mehr zum Abschmecken)
1 EL rote Currypaste (je nach Geschmack auch mehr)
400 g Kokosmilch
2 EL Rohrzucker
30 g Erdnussbutter
400 g Spaghetti
1 Bund Koriander, geputzt, gewaschen, trocken geschüttelt, Blättchen abgezupft
4 EL Erdnüsse, gehackt

Hähnchenbrust waschen, trocken tupfen, in kleine Streifen schneiden, dann salzen und pfeffern.

Ingwer schälen und in dünne Stifte schneiden. Bohnen putzen, halbieren. Brokkoli und Kürbis putzen, waschen, in mundgerechte Stücke schneiden, beiseitestellen.

Zwiebel schälen, in den Mixtopf geben, **3 Sekunden/Stufe 5** zerkleinern, mit dem Spatel nach unten schieben. Kokosöl zufügen und **3 Minuten/120°C/Stufe 2** erhitzen. Dann Ingwerstifte, Sternanis und Kurkuma hinzugeben und **2 Minuten/120°C/Stufe 2** dünsten. Currypaste und Kokosmilch hinzugeben, **3 Minuten/100°C/Stufe 2** aufkochen lassen und mit Salz und Pfeffer würzen. Zucker und Erdnussbutter zugeben und **10 Sekunden/Stufe 3,5** verrühren. Hähnchenfleisch und die grünen Böhnchen dazugeben und **5 Minuten/100°C/Linkslauf/Rührstufe** garen. Restliche Gemüse zufügen und weitere **10 Minuten/80°C/Linkslauf/Rührstufe** garen, mit Kurkuma und Curry abschmecken.

Währenddessen die Nudeln nach Packungsanweisung zubereiten. Nach dem Kochen abschrecken, die warme Sauce über die Spaghetti geben und vermischen, auf Schüsseln aufteilen und mit dem Koriander und den Erdnüssen bestreuen.

PRO PORTION:
895 kcal | 48 g E | 37 g F | 86 g KH

DOROTHEE HOLSTEN (L.) UND SYLVIA LÜHERT HABEN VIELE DER JUBILÄUMS-REZEPTE NEU GEKOCHT

DIE SUPER-BOWL!!!
SESAME SEEDS HULLED
Net Wt. 100 g

SCHMECKT DER GANZEN FAMILIE
WE LOVE HACK 'N' ROLL!!

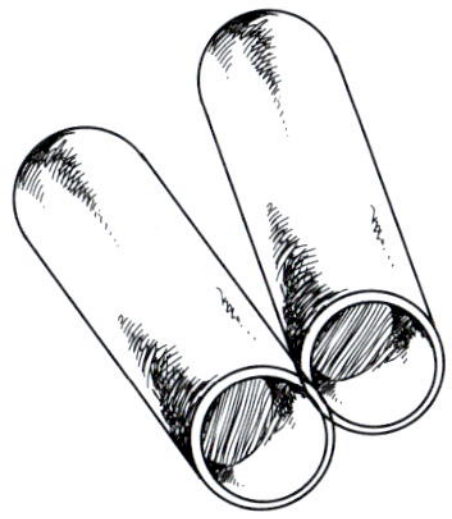

FÜLLT SICH GUT EIN: KIM BENDER (L.) UND SYLVIA LÜHERT AUS DEM MIXX-TEAM

RUNDHERUM EINE GUTE IDEE

CANNELLONI kennt man in Italien schon seit der Antike. Die aus Teigplatten gerollte Pasta muss heutzutage nicht mehr vorgekocht werden, man befüllt einfach die trockenen, circa 10 Zentimeter langen Rollen mit ihrem etwa 3 Zentimeter breiten Durchmesser. Klassisch werden sie mit Bolognese gefüllt, inzwischen ist erlaubt, was schmeckt: Gemüse oder Fisch, aber auch süße Varianten mit Ricotta und Quark. Grundvoraussetzung für eine gute Qualität ist die Verarbeitung von bestem Weizen. Im Unterschied zu Discounterware werden hochwertige Cannelloni sehr langsam, über 3 bis 6 Tage hinweg, getrocknet. Dadurch bleibt der Geschmack erhalten.

Spinat-Cannelloni

MIT HACK-TOMATEN-SAUCE

Zubereitungszeit: 35 Min. plus Backzeit

Portionen: 4

Zutaten:
2 Zwiebeln
3 EL Olivenöl
250 g gemischtes Hackfleisch
2 EL Tomatenmark
1 Dose Kirschtomaten, 425 ml
300 g Gemüsebrühe, fertig angerührt oder Gemüse-Fond aus dem Glas
300 g junger Blattspinat
Salz & Pfeffer
100 g Parmesan (Stück)
500 g Ricottakäse
2 Eier (Größe M)
50 g Semmelbrösel
20 Cannelloni-Nudeln
1 TL Zucker
125 g Büffel-Mozzarella

Außerdem:
Einmalspritzbeutel
rechteckige Auflaufform (22 x 23 cm)

Zwiebeln schälen und in groben Stücken in den Mixtopf geben und **3 Sekunden/Stufe 5** zerkleinern.

2 El Olivenöl in einer Pfanne erhitzen und das Hackfleisch darin krümelig anbraten. Die Hälfte der Zwiebelwürfel zugeben und kurz mitbraten. Tomatenmark und Tomaten zugeben, Brühe zugießen und bei schwacher Hitze unter gelegentlichem Rühren ca. 10 Minuten köcheln lassen.

Spinat waschen, putzen und abtropfen. 1 EL Öl in einem weiten Topf erhitzen, übrige Zwiebelwürfel darin unter Wenden glasig dünsten, Spinat zugeben und kurz zusammenfallen lassen. Mit Salz und Pfeffer abschmecken, in eine Schüssel geben und abkühlen lassen.

Backofen vorheizen (E-Herd: 200 °C / Umluft: 175 °C / Gas: s. Hersteller).

Parmesan in groben Stücken in den Mixtopf geben und **3 Sekunden/Stufe 8** zerkleinern, 25 g Parmesan entnehmen und zur Seite stellen. Ricotta, Eier und Semmelbrösel zugeben und **10 Sekunden/Stufe 3,5** glatt rühren, mit Salz und Pfeffer kräftig würzen. Spinat gut abtropfen lassen, hacken und zu der Ricottamasse geben, **10 Sekunden/Stufe 3,5** verrühren und in einen Spritzbeutel füllen. Spitze so abschneiden, dass eine ca. 1 cm breite Öffnung entsteht. Cannelloni mit der Masse füllen.

Tomaten-Hack-Sauce mit Zucker, Salz und Pfeffer abschmecken. Circa ein Drittel in einer Auflaufform verteilen. Cannelloni dicht nebeneinander in zwei Schichten darin verteilen. Übrige Sauce darübergießen. Mozzarella abtropfen lassen und zerzupfen. Mit übrigem Parmesan auf den Cannelloni verteilen und im vorgeheizten Backofen ca. 30 Minuten backen.

PRO PORTION:
980 kcal | 53 g E | 55 g F | 67 g KH

Spaghetti Hack-Feta

Zubereitungszeit: 30 Min.
Portionen: 4

Zutaten:
500 g Spaghetti
1 rote Zwiebel
1 kleine Zucchini
1 EL Olivenöl
500 g Rinderhackfleisch
2 Zweige Rosmarin, gewaschen, trocken geschüttelt, Nadeln abgezupft, grob gehackt
Salz & Pfeffer
100 g Milch, 1,5 % Fett
200 g fettarmer Frischkäse
150 g Feta
20 g junger Blattspinat
30 g Gemüsechips zur Deko

Spaghetti nach Packungsanweisung garen.

Zwiebel schälen, halbieren und in den Mixtopf geben und **3 Sekunden/Stufe 5** zerkleinern.

Zucchini putzen, waschen und in Scheiben schneiden. Olivenöl in einer Pfanne erhitzen. Hack darin kräftig anbraten. Zucchini, Zwiebeln und Rosmarin dazugeben und 5 Minuten mitbraten. Mit Salz und Pfeffer würzen.

Milch, Frischkäse und 100 g Feta in den Mixtopf geben und **4 Minuten/100°C/Stufe 2** aufkochen, anschließend **30 Sekunden/Stufe 10** fein pürieren.

Blattspinat verlesen, waschen, trocken schütteln.

Nudeln abgießen und zurück in den Topf geben, Sauce, Zucchini-Hack-Pfanne und Spinat unterheben. Anrichten, restlichen Feta und Chips darüber verteilen.

PRO PORTION:
1067 kcal | 52 g E | 50 g F | 101 g KH

FRANZ-CHRISTOPH HEEL
VERLEGER UND ERFINDER DER MIXX

„WIR MACHEN JETZT SEIT FÜNF JAHREN DIE MIXX UND BEI JEDER NEUEN AUSGABE FREUE ICH MICH, WIE VIELSEITIG DAS KOCHEN MIT DEM THERMOMIX® DOCH IST - WAS ALLEIN DIESE WUNDERBAREN SPAGHETTI ZEIGEN."

GEMÜSECHIPS SIND VOLL IM TREND

Pasta
macht
glücklich!

LOW CARB OHNE FETT?
KÖNNEN WIR AUCH -
ABER NICHT HEUTE ...

NEUES LIEBLINGSREZEPT FÜR ALLE KÄSE-FANS

Penne mit dreierlei Käse

Zubereitungszeit: 30 Min.
Portionen: 4

Zutaten:
100 g Parmesan
je 2 Stiele Oregano, Basilikum und Petersilie, gewaschen, trocken geschüttelt, Blättchen abgezupft
2 Zwiebeln
1 Knoblauchzehe
2 rohe grobe Bratwürste (à ca. 125 g)
2 EL Rapsöl
1 Dose stückige Tomaten, 400 g
1 Dose passierte Tomaten, 400 g
250 g Wasser
500 g Mini-Penne-Nudeln
125 g Mozzarella-Käse, gerieben
Salz & Pfeffer
125 g Ricotta-Käse

Parmesan in groben Stücken in den Mixtopf geben und **5 Sekunden/Stufe 8** zerkleinern, umfüllen, Mixtopf auswaschen.

Kräuter in den Mixtopf geben und **3 Sekunden/Stufe 7** zerkleinern, umfüllen, Mixtopf auswaschen.

Zwiebeln und Knoblauch schälen und in groben Stücken in den Mixtopf geben und **5 Sekunden/Stufe 5** zerkleinern.

Wurstbrät aus der Haut drücken. Öl in einer Pfanne erhitzen und Wurstbrät darin 3–5 Minuten krümelig anbraten. Zwiebeln und Knoblauch zugeben und weitere 2–3 Minuten braten. Alles zusammen in den Mixtopf umfüllen.

Tomaten und Wasser zugeben und **5 Minuten/100°C/Stufe 1** aufkochen lassen. Nudeln zugeben, mit dem Spatel unterrühren und dann **ca. 12 Minuten/80°C/Stufe 1** ohne Messbecher köcheln lassen.

Mozzarella, Parmesan und zwei Drittel der Kräuter mit dem Spatel unterrühren. Nudeln mit Salz und Pfeffer abschmecken, auf Teller verteilen, Ricotta in Klecksen auf die Nudeln geben und mit dem Rest der Kräuter bestreuen.

PRO PORTION:
991 kcal | 51 g E | 49 g F | 106 g KH

Ravioli

vom Blech

Zubereitungszeit: 20 Min. plus Backzeit
Portionen: 4

Zutaten:
3 Möhren
2 rote Paprikaschoten
2 Knoblauchzehen
50 g getrocknete, in Öl eingelegte Tomaten
3 Pck. Ravioli (z.B. mit Tomate-Mozzarella-Füllung), 250 g
4 EL Olivenöl
250 g Wasser
200 g Tomatensaft
1 TL Gemüsebrühpulver (instant)
Salz & Pfeffer
2 EL Balsamico-Essig
50 g Parmesan (Stück)
4 Lauchzwiebeln

Backofen vorheizen (E-Herd: 200°C / Umluft: 180°C / Gas: s. Hersteller).

Möhren schälen, waschen und in dünne Scheiben schneiden, Paprika putzen, waschen und in grobe Stücke schneiden. Knoblauch schälen und in Scheiben schneiden, die Tomaten grob zerkleinern. Alles mit den Ravioli und Öl in einer Fettpfanne mischen, gleichmäßig verteilen. Im vorgeheizten Backofen ca. 18–20 Minuten backen.

Wasser und Tomatensaft in den Mixtopf geben und **3 Minuten/100°C/Stufe 1** aufkochen. Brühe zugeben, mit Salz, Pfeffer und Essig würzen und weitere **5 Minuten/80°C/Stufe 3** köcheln lassen. Tomatenbrühe über die Ravioli verteilen. Ravioli zu Ende garen, dabei zwischendurch noch ein- bis zweimal durchrühren.

Parmesan in den Mixtopf geben und **4 Sekunden/Stufe 7** grob zerkleinern. Lauchzwiebeln waschen, putzen und in Ringe schneiden und mit dem Käse über die fertigen Ravioli streuen.

PRO PORTION:
765 kcal | 27 g E | 45 g F | 64 g KH

Feine Ravioli

5 JAHRE MIXX – DAS IST FREUDE AM KOCHEN, FRISCHE LEBENSMITTEL, MENSCHEN GLÜCKLICH MACHEN, NEUE GESCHMACKSWELTEN, VIELE REZEPTE UND LAST BUT NOT LEAST POTENZIAL FÜR WEITERE GENUSSMOMENTE. HERZLICHEN GLÜCKWUNSCH & AUF DIE NÄCHSTEN 5 JAHRE!

Berndes®

Sebastian Schneider – Marketingleiter bei Berndes

UNSERE BELIEBTESTEN KLASSIKER AUS 5 JAHREN MIXX SIND SCHNELL GEMACHT UND SCHMECKEN GARANTIERT DER GANZEN FAMILIE

FÜR DIE FAMILIE

OFENFRIKADELLEN
IN FRÜHLINGSZWIEBEL-RAHM

DER HONIGSENF VERLEIHT EINE MILDE SÜßE

Zubereitungszeit: 20 Min. plus Backzeit
Portionen: 8

Zutaten:
1 Zwiebel
1 Knoblauchzehe
750 g Rinderhackfleisch
20 g Paniermehl
10 g Wasser
15 g Honigsenf
Salz & Pfeffer
1 Bund Frühlingszwiebeln
4 EL Sonnenblumenöl
200 g Schlagsahne

Zwiebel und Knoblauch schälen und halbieren, in den Mixtopf geben und **3 Sekunden/Stufe 5** zerkleinern, mit dem Spatel nach unten schieben. Rinderhack, Paniermehl, Wasser und Senf zugeben und **20 Sekunden/Teigknetstufe** zu einem glatten Teig verkneten. Mit Salz und Pfeffer würzen und anschließend zu acht Frikadellen formen.

Backofen vorheizen (E-Herd: 200°C / Umluft: 175°C / Gas: s. Hersteller).

Frühlingszwiebeln putzen, waschen und in Ringe schneiden. Öl in einer Pfanne erhitzen und Frikadellen darin ca. 5 Minuten braten, dabei einmal wenden. Herausnehmen und in eine Auflaufform geben. Frühlingszwiebeln im heißen Bratfett ca. 3 Minuten dünsten, mit Sahne ablöschen und mit Salz würzen. Über die Frikadellen geben und im vorgeheizten Backofen ca. 12 Minuten garen.

Dazu schmeckt Kartoffelpüree, Salzkartoffeln oder einfach Baguette.

PRO PORTION:
374 kcal | 18 g E | 32 g F | 5 g KH

DAS DUFTET NACH
EINEM SONNTAGMITTAG
BEI OMA ZU HAUSE

Schmeckt nach Urlaub

CEVAPCICI

Zubereitungszeit: 15 Min.
Portionen: 4

Zutaten:
1 Knoblauchzehe
1 Zwiebel
½ Bund Petersilie, gewaschen, trocken geschüttelt, Blättchen vom Stängel gezupft
500 g gemischtes Hackfleisch
15 g Mehl
2 Eier (Größe M)
5 g Salz
¼ TL Paprikapulver, edelsüß
1 Prise Chilipulver
50 g Schafskäse
1 Prise Zucker
1 EL Olivenöl zum Anbraten

Knoblauch und Zwiebel schälen und halbieren, zusammen mit der Petersilie in den Mixtopf geben und **5 Sekunden/Stufe 7** zerkleinern, mit dem Spatel nach unten schieben.

Die restlichen Zutaten hinzufügen und alles zusammen **10 Sekunden/Stufe 7** mithilfe des Spatels verrühren. Anschließend **30 Sekunden/Teigknetstufe** zu einem Teig verarbeiten. Aus der Hackmasse kleine Röllchen formen. Olivenöl in einer Pfanne erhitzen und die Cevapcici darin rundherum fertig braten.

PRO PORTION:
441 kcal | 28 g E | 33 g F | 8 g KH

DJUVEC-REIS

Zubereitungszeit: 35 Min.
Portionen: 4

Zutaten:
1 Zwiebel
1 Knoblauchzehe
15 g Olivenöl
1 rote Paprikaschote
1 Dose Tomaten, 400 ml
150 g Wasser
50 g Ajvar
1 TL Salz
Pfeffer
1 TL Paprikapulver
1 Prise Zucker
200 g Langkornreis
100 g TK-Erbsen

ERBSEN NICHT ZÄHLEN, SONDERN GENIESSEN

Zwiebel und Knoblauch schälen, halbieren, in den Mixtopf geben und **5 Sekunden/Stufe 5** zerkleinern, mit dem Spatel nach unten schieben.

Olivenöl zufügen und **4 Minuten/120°C/Stufe 1** andünsten. Paprika putzen, waschen, Kerngehäuse entfernen und würfeln. Paprika, Tomaten, Wasser, Ajvar, Gewürze und Zucker in den Mixtopf zugeben und **10 Minuten/100°C/Linkslauf/Stufe 1** kochen.

Reis und Erbsen zugeben und weitere **15 Minuten/100°C/Linkslauf/Stufe 1** garen.

PRO PORTION:
281 kcal | 7 g E | 5 g F | 54 g KH

SAUERKRAUT MIT KARTOFFELBREI UND NÜRNBERGER ROSTBRATWÜRSTCHEN

Zubereitungszeit: 70 Min.
Portionen: 4

Zutaten:
1 Zwiebel
10 g + 1 EL Rapsöl
1 Apfel
750 g Sauerkraut (Dose)
300 g Wasser
700 g Kartoffeln
10 Nürnberger Rostbratwürstchen
50 g Milch
50 g Sahne
175 g Butter + etwas für die Form
Salz & Pfeffer
frisch geriebene Muskatnuss
50 g Schmand
100 g Semmelbrösel

Zwiebel schälen, halbieren, in den Mixtopf geben und **5 Sekunden/Stufe 5** zerkleinern, mit dem Spatel nach unten schieben. 10 g Rapsöl zufügen und **4 Minuten/120°C/Stufe 1** dünsten. Apfel waschen, halbieren und entkernen, dann zugeben und **3 Sekunden/Stufe 5** zerkleinern. Sauerkraut und Wasser in den Mixtopf geben und kurz mit dem Spatel umrühren.

Kartoffeln schälen, waschen und in Stücken in den Varoma legen, Varoma auf den Mixtopf setzen und alles zusammen **45 Minuten/Varoma/Linkslauf/Stufe 1** garen.

In der Zwischenzeit 1 EL Rapsöl in einer Pfanne erhitzen und die Würstchen rundherum kurz anbraten – diese gehen später noch in den Ofen, also nicht zu dunkel braten, sonst werden sie trocken.

Backofen vorheizen (200°C Ober- / Unterhitze, 180°C Umluft).

Nach der Garzeit das Sauerkraut umfüllen. Milch, Sahne und 125 g Butter in den gesäuberten Mixtopf geben und **2 Minuten/100°C/Stufe 1** erhitzen. Gegarte Kartoffeln zugeben und **10 Sekunden/Stufe 3** verrühren, mit Salz, Pfeffer und Muskatnuss abschmecken.

Auflaufform einfetten, Kartoffelbrei einfüllen, Sauerkraut und Würstchen darauflegen. Schmand in kleinen Klecksen darauf verteilen. Anschließend auf dem Auflauf Semmelbrösel und 50 g Butter in kleinen Flöckchen verteilen und im vorgeheizten Backofen ca. 15–20 Minuten gratinieren.

PRO PORTION:
916 kcal | 19 g E | 65 g F | 65 g KH

JETZT GEHT ES UM DIE WURST!

DANKE SYLVIA FÜR DEINE TOLLEN REZEPTE!!!

KARTOFFELBREI

PASST IDEAL ZU DEN WÜRSTCHEN UND KRAUT

TAFELSPITZ
MIT MEERRETTICHSAUCE

Zubereitungszeit: 130 Min.
Portionen: 4–6

Zutaten:
1 Zwiebel
1 Stängel Staudensellerie
1 Stange Porree,
1200 g Wasser
6 TL Fleischbrühe (Instant)
10 Nelken
15 Wacholderbeeren
3 Lorbeerblätter
900 g Tafelspitz
Salz & Pfeffer
1 TL getrockneter Majoran
400 g Drillinge (kleine Kartöffelchen)
75 g Butter
20 g Mehl
190 g Tafel-Meerrettich naturscharf (Glas)
100 g Sahne
1 Eigelb
1 Prise Zucker

Zwiebel schälen und halbieren. Porree und Sellerie putzen, waschen und in Ringe schneiden.

Wasser, Fleischbrühe, 5 Nelken, 10 Wacholderbeeren sowie die Lorbeerblätter in den Mixtopf geben. Eine Zwiebelhälfte in Ringe schneiden und mit den Porree- und Sellerieringen auf den Varoma-Boden legen. Darüber die restlichen Nelken und Wacholderbeeren verteilen. Den Tafelspitz mit Salz, Pfeffer und Majoran einreiben, auf das Gemüse legen und **60 Minuten/Varoma/Stufe 1** garen. Die andere Hälfte der Zwiebel in Scheiben schneiden, auf das Fleisch legen und weitere **30 Minuten/Varoma/Stufe 1** garen.

Die Drillinge waschen und abrubbeln, dann in das Garkörbchen legen, Varoma abnehmen, Garkörbchen einsetzen, Varoma wieder aufsetzen und weitere **25 Minuten/Varoma/Stufe 1** garen.

Anschließend Varoma abnehmen, Fleisch warm stellen. Garkörbchen entnehmen, Garsud umfüllen und auffangen. Butter in den Mixtopf geben und **2 Minuten/100°C/Stufe 1** schmelzen. Mehl zugeben und **2 Minuten/100°/Stufe 2** anschwitzen. Meerrettich zugeben und weitere **2 Minuten/100°C/Stufe 2** garen. 250 g Garsud zugeben und **3 Minuten/100°C/Stufe 2** verrühren. Eigelb mit 3 EL Sahne verrühren. Restliche Sahne, Zucker und das verrührte Eigelb in den Mixtopf geben und alles zusammen **10 Sekunden/Stufe 3** unterrühren. Sauce abschmecken und mit Fleisch und Kartoffeln servieren.

Dazu passt Rote Bete oder Wirsing als Gemüse.

PRO PORTION:
889 kcal | 58 g E | 56 g F | 34 g KH

MEERRETTICH
VERLEIHT DEM TAFELSPITZ
EINE ANGENEHME SCHÄRFE
Ein beliebter
Klassiker

HÄHNCHEN-CURRY

Zubereitungszeit: 35 Min.
Portionen: 4

Zutaten:
2 Hähnchenbrustfilets
2 TL rote Currypaste
200 g Kokosmilch
1 Zwiebel
1 Knoblauchzehe
5 g Ingwer
1 EL Sonnenblumenöl
Salz & Pfeffer
¼ TL Garam Masala
2 EL Sojasauce
Saft und Abrieb von einer Bio-Limette
400 g Gemüsebrühe, fertig angerührt
3 Möhren
je ½ rote und gelbe Paprikaschote
1 TL Mehl

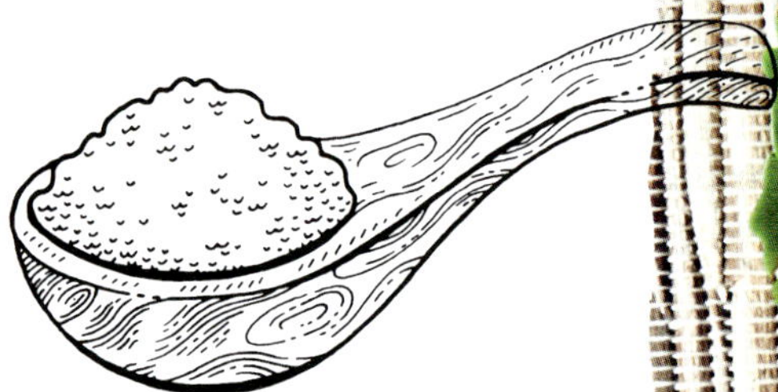

Hähnchenbrust waschen und in mundgerechte Würfel schneiden, dann mit 1 TL Currypaste und 2 EL Kokosmilch ca. 15 Minuten marinieren.

Zwiebel, Knoblauch und Ingwer schälen und in groben Stücken in den Mixtopf geben, **5 Sekunden/Stufe 5** zerkleinern, mit dem Spatel nach unten schieben. Öl zugeben und **4 Minuten/120°C/Stufe 1** andünsten.

Restliche Currypaste und Kokosmilch, Salz, Pfeffer, Garam Masala, Sojasauce, Limettensaft und -abrieb und Gemüsebrühe dazugeben und alles **5 Minuten/100°C/Stufe 2,5** vermischen.

Möhren und Paprika waschen und putzen, Möhren in dünne Scheiben, Paprika in kleine Stücke schneiden und in den Varoma legen, die Hähnchenbrust darauf verteilen. Varoma aufsetzen und alles zusammen **20 Minuten/Varoma/Stufe 2** garen.

Nach der Garzeit Gemüse und Fleisch warm stellen. Mehl in den Mixtopf geben und **4 Minuten/100°C/Stufe 3** binden. Gemüse, Fleisch und Sauce vermischen, dazu passt Reis sehr gut!

PRO PORTION:
258 kcal | 20 g E | 14 g F | 12 g KH

HAPPY BIRTHDAY, LIEBE MIXX.
WIR GRATULIEREN EUCH HERZLICH ZUM 5-JÄHRIGEN BESTEHEN UND WÜNSCHEN EUCH FÜR DIE ZUKUNFT ALLES GUTE. WIR FREUEN UNS AUCH WEITERHIN AUF DIE TOLLE ZUSAMMENARBEIT MIT EUCH UND AUF GANZ VIELE LECKERE REZEPTE, TIPPS UND TRICKS FÜR DEN THERMOMIX®.
Villeroy & Boch
1748
Corinne Weyrauch - Press & Public Relations
INDIAN
STREET
FOOD

SCHWEINEFILET IM SPECKMANTEL MIT CAMBOZOLA-REIS

Zubereitungszeit: 50 Min.
Portionen: 4

Zutaten:
1 Zwiebel
30 g Butter
300 g Risotto-Reis
600 g heißes Wasser
100 g Weißwein
200 g Sahne
150 g Milch
Salz & Pfeffer
1 TL Gemüsebrühpulver
100 g Cambozola
frisch gemahlener Pfeffer
800 g Schweinefilet
ca. 200 g Speck
Öl zum Braten

Zwiebel schälen, halbieren und in den Mixtopf geben und **3 Sekunden/Stufe 5** zerkleinern, mit dem Spatel nach unten schieben. Butter und Risotto-Reis zufügen und **5 Minuten/Varoma/Linkslauf/Sanftrührstufe** dünsten.

Heißes Wasser, Weißwein, Sahne, Milch, Salz, Pfeffer und Gemüsebrühpulver hinzugeben und **10 Minuten/100°C/Linkslauf/Sanftrührstufe**, dann weitere **15 Minuten/80°C/Linkslauf/Sanftrührstufe** ohne Messbecher garen.

Cambozola in Stücken hinzufügen, mit dem Spatel kurz unterrühren und weitere **5 Minuten/90°C/Linkslauf/Sanftrührstufe** fertig garen, mit frisch gemahlenem Pfeffer abschmecken und ein paar Minuten ziehen lassen.

Das Schweinefilet in Scheiben schneiden, mit Salz und Pfeffer würzen, mit dünn geschnittenem Speck umwickeln. Öl in einer Pfanne erhitzen und das Fleisch darin braten.

PRO PORTION:
1142 kcal | 74 g E | 59 g F | 67 g KH

ANTJE HEEL
HERAUSGEBERIN DER MIXX

„VON ANFANG AN WOLLTEN WIR EUCH MIT DER MIXX EINFACHE UND ZUGLEICH RAFFINIERTE REZEPTE AN DIE HAND GEBEN. DAS SCHWEINEFILET IM SPECKMANTEL IST EIN LECKERES BEISPIEL DAFÜR, WIE MAN OHNE AUFWAND ETWAS FEINES AUF DEN TELLER ZAUBERT."

NICHT SCHIEF - LECKER GEWICKELT ...

LACHS-GRATIN
MIT KARTOFFELN

EINFACH EASY!

Zubereitungszeit: 40 Min. plus Backzeit
Portionen: 4

Zutaten:
750 g kleine festkochende Kartoffeln
Wasser & Salz
20 g Butter
20 g Brötchenbrösel (Paniermehl)
750 g Lachsfilets, ohne Haut
Salz & Pfeffer
½ Bund glatte Petersilie, gewaschen, trocken geschüttelt
1 Bund Dill, gewaschen, trocken geschüttelt
200 g Crème fraîche
2 Eier (Größe M)
35 g Milch
2 EL Zitronensaft
40 g Sahnemeerrettich

Außerdem:
1 Auflaufform (Ø ca. 26 cm)
Fett für die Form

Kartofflen waschen. Einen halben Liter Wasser und einen Teelöffel Salz in den Mixtopf geben, den Gareinsatz einhängen und die Kartoffeln hineingeben, **25 Minuten/120°C/Stufe 1** garen. Wasser abgießen, Kartoffeln abschrecken, pellen und abkühlen lassen.

Butter in einer Pfanne zerlassen. Brösel darin goldbraun anrösten. Den Backofen auf 200°C vorheizen (Umluft nicht empfehlenswert).

Lachsfilets und Kartoffeln in ca. 1 cm dicke Scheiben schneiden. Fächerförmig in die gefettete Auflaufform legen. Dazwischen leicht salzen und pfeffern.

Petersilie und Dill abzupfen, in den Mixtopf geben und **3 Sekunden/Stufe 7** zerkleinern, mit dem Spatel nach unten schieben. Crème fraîche, Eier, Milch, Zitronensaft, Meerrettich, etwas Salz und Pfeffer in den Mixtopf geben und **30 Sekunden/Stufe 4** verquirlen. Über Kartoffeln und Lachs verteilen, darauf Brösel verstreuen. Im heißen Ofen auf der untersten Schiene 20 Minuten, dann weitere 5–8 Minuten auf der zweiten Schiene von oben backen.

PRO PORTION:
685 kcal | 46 g E | 38 g F | 37 g KH

DOROTHEE HOLSTEN
AUS DEM MIXX-TEAM

„EGAL OB MIT KARTOFFELN ODER MIT LACHS – ICH KANN VON GRATINS NICHT GENUG BEKOMMEN!!! SIE SIND SCHNELL VORBEREITET UND DER DUFT, WENN SIE FRISCH AUS DEM OFEN KOMMEN, IST EIN TRAUM! MEIN FAVORIT: DIESES LACHS-GRATIN."

Goldgelbe Brösel machen das Gratin unwiderstehlich!!!

HÄHNCHENBRUSTFILET
IN FRISCHKÄSESAUCE MIT KARTOFFEL-KNOBLAUCH-PÜREE

Zubereitungszeit: 40 Min. plus Backzeit
Portionen: 4

Zutaten:
Hähnchenbrustfilet:
800 g Hähnchenbrustfilet
8 Scheiben Bacon (ca. 120 g)
20 g Rapsöl
Salz & Pfeffer
200 g Milch, 1,5 % Fett
300 g Doppelrahmfrischkäse mit Kräutern
10 g mittelscharfer Senf

Kartoffel-Knoblauch-Püree:
700 g Wasser
2 Knoblauchzehen
750 g mehligkochende Kartoffeln
100 g Milch, 1,5 % Fett
50 g Sahne
1 TL Salz
50 g Butter
Muskat
5 Stiele glatte Petersilie, gewaschen, trocken geschüttelt, Blättchen abgezupft

Außerdem:
ofenfeste, flache Form (Empfehlung: 20 x 30 cm)

Den Backofen vorheizen (E-Herd: 175°C / Umluft: 150°C / Gas: siehe Hersteller). Fleisch waschen, trocken tupfen und in ca. acht gleich große Stücke schneiden. Jedes Stück mit jeweils einer Scheibe Bacon umwickeln. Öl in einer großen Pfanne erhitzen, Fleisch darin unter Wenden anbraten, mit Salz und Pfeffer würzen und herausnehmen. In die Form legen und im heißen Ofen ca. 20 Minuten backen.

Den Schmetterling einsetzen, Milch, Kräuterfrischkäse und Senf in den Mixtopf geben und **20 Sekunden/Stufe 3,5** verrühren. Mit Salz und Pfeffer würzen, nach den 20 Minuten Backzeit die Frischkäsesauce über das Fleisch gießen und weitere 25 Minuten zu Ende backen.

Für das Püree Wasser in den Mixtopf geben und den Gareinsatz einsetzen. Knoblauch schälen und in Scheiben schneiden, Kartoffeln waschen, schälen und vierteln. Kartoffeln und Knoblauchscheiben einlegen und **25 Minuten/Varoma/Stufe 1** garen. Den Gareinsatz entnehmen, Wasser ausgießen, den Mixtopf reinigen.

Milch und Sahne in den Mixtopf geben und **2 Minuten/100°C/Stufe 1** erhitzen. Kartoffeln, Knoblauchscheiben, Salz und Butter hinzufügen und **10 Sekunden/Stufe 3** zu Püree verarbeiten, mit Muskat abschmecken, umfüllen und den Mixtopf reinigen.

Petersilie in den Mixtopf geben und **3 Sekunden/Stufe 7** zerkleinern.

Das Fleisch aus dem Backofen nehmen und mit Petersilie bestreuen. Dazu das Kartoffel-Knoblauch-Püree reichen.

PRO PORTION:
990 kcal | 65 g E | 63 g F | 40 g KH

PERFEKT FÜR DIE FAMILIE

KARTOFFEL-HACK-AUFLAUF

MIT CURRY-KÄSE-SAUCE

Zubereitungszeit: 40 Min. plus Backzeit
Portionen: 4

Zutaten:
1 Zwiebel
750 g Kartoffeln
750 g Wasser
500 g gemischtes Hackfleisch
1 EL Öl
Salz & Pfeffer
Paprikapulver, edelsüß
40 g Butter
40 g Mehl, Type 405
2 EL Currypulver
300 g Gemüsebrühe, fertig angerührt
200 g Schlagsahne
75 g mittelalter Gouda, gerieben
Thymian, gewaschen, trocken geschüttelt, von den Stielen gezupft

Zwiebel schälen, halbieren, in den Mixtopf geben und **5 Sekunden/Stufe 5** zerkleinern, umfüllen. Mixtopf auswaschen.

Kartoffeln waschen. Wasser in den Mixtopf füllen, Gareinsatz einhängen, Kartoffeln einlegen und **25 Minuten/120°C/Stufe 1** garen. Anschließend das Wasser abgießen, Kartoffeln abschrecken, pellen und halbieren.

Hackfleisch und Zwiebel in einer Pfanne in heißem Öl krümelig anbraten. Mit Salz, Pfeffer und Paprika würzen.

Butter in den Mixtopf geben und **2 Minuten/100°C/Stufe 1** schmelzen. Mehl zufügen und **3 Minuten/100°C/Stufe 1** anschwitzen. Curry darüberstäuben. Brühe und Sahne zufügen und **30 Sekunden/Stufe 4** ablöschen. Käse zugeben. Mit Salz, Pfeffer und Curry abschmecken und **10 Sekunden/Stufe 4** kurz vermischen.

Backofen auf 225°C Ober-/Unterhitze (Gas: Stufe 4) vorheizen.

Kartoffeln, Hackfleisch und Sauce in eine Auflaufform geben. Im vorgeheizten Backofen goldbraun überbacken. Thymian über den Auflauf streuen und servieren.

PRO PORTION:
771 kcal | 32 g E | 54 g F | 38 g KH

IDEAL NACH DEM WINTER-SPAZIERGANG

Ein Wunder, dieser Cap

Endlich gibt es eine genauso einfache, wie geniale Lösung für alle, die ihren Thermomix® auch zum Kochen oder Sous-vide-Garen nutzen möchte. Mit dem Original-Zubehör, der sogenannten Welle, konnte bisher zwar auch schon die Messerfunktion eliminiert werden, um den Preis allerdings, dass sich das Volumen des Mixtopfes erheblich verkleinerte.

Kleines Teil, große Wirkung

19,80 €

Erhältlich unter **www.wundercap.de**

wundermix

Die Vorteile des WunderCap® auf einem Blick

- Volumen im Mixtopf um 20 % erhöht
- Keinerlei Flüssigkeitsaustritt nach dem Austausch des Messers gegen den WunderCap®
- Problemloses Sous-vide-Garen
- Zubereitung großer Mengen Kartoffeln, Reis, Nudeln oder Würstchen

Den WunderCap® gibt es in drei verschiedenen Ausführungen: für den TM6, den TM5 und auch für den TM31.

Der Mixtopf wird dank WunderCap® zum Raumwunder

Und so einfach wird er eingesetzt

Das kleine, unscheinbar aussehende Tool zeigt große Wirkung und das Handling ist denkbar einfach: Man entfernt das Messer und setzt den WunderCap® in die verbleibende Öffnung. Er hat den identischen Verschlussmechanismus wie das Mixmesser, allerdings ohne die Motorkupplung. Der Motor läuft weiter, hat jedoch keine Verbindung zum WunderCap®, während der Topf absolut dicht ist.

Mit dem WunderCap® gepimpt, gelingt im Mixtopf auch die Zubereitung größerer Mengen Kartoffeln, Reis, Nudeln oder Würstchen im Mixtopf, was gerade in Situationen, in denen es an Herdplatten mangelt, ein großes Plus ist. Man ist unabhängig von anderen Geräten und kocht alleine mit dem Thermomix®. Insbesondere für das Sous-vide-Garen ist der WunderCap® ein unverzichtbares Zubehör, denn die Vakuumierfolie wird durch das Messer sehr schnell beschädigt, was dem Gargut natürlich schadet und ein sachgemäßes Sous-vide-Garen verhindert.

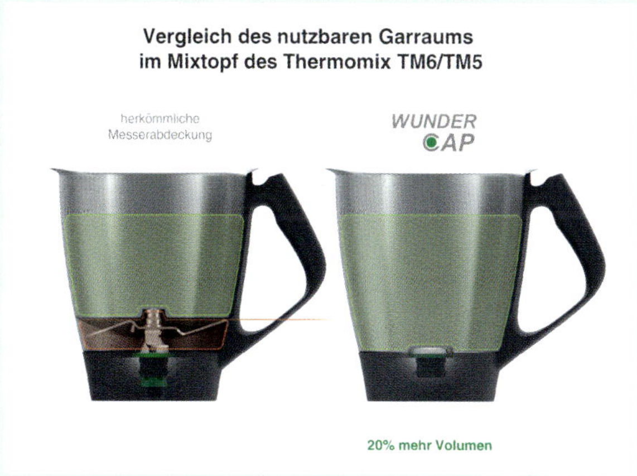

Im direkten Vergleich kann man den Unterschied deutlich sehen

TARTE

MIT TOMATEN & RICOTTA-BASILIKUM-CREME

EINE SUPERLECKERE KOMBI!

Zubereitungszeit: 20 Min. plus Backzeit (plus Herstellung Grundteig)
Portionen: 4–6

Zutaten:
Tarte-Grundteig
125 g Büffelmozzarella
60 g Ricotta
50 g Sahne
8 Blätter + Garnitur Basilikum
Salz & Pfeffer
3–4 bunte Tomaten

Außerdem:
Backerbsen

Den Backofen auf 200°C Ober-/Unterhitze vorheizen.

Den Teig ausrollen, die Ränder leicht aufrollen und auf ein Blech oder in eine Form legen. Eine Lage Backpapier auf den Teig geben, mit getrockneten Backerbsen beschweren und 10 Minuten vorbacken.

Vom Mozzarella 40 g abschneiden und zusammen mit dem Ricotta, der Sahne und den Basilikumblättern in den Mixtopf geben, **20 Sekunden/Stufe 10** zu einer Creme pürieren, mit dem Spatel nach unten schieben und mit Salz und Pfeffer abschmecken.

Die Tomaten quer in Scheiben schneiden und noch einige Blätter vom Basilikum zupfen. Ein paar Blätter hacken, ein paar ganz lassen, nach Belieben.

Die Tarte nach 10 Minuten aus dem Ofen nehmen und die Erbsen samt Backpapier entfernen. Die Ofentemperatur auf 180°C reduzieren. Den Teig mit der Ricotta-Basilikum-Creme bestreichen, mit den Tomatenscheiben und dem restlichen Mozzarella belegen.

Die Tarte für weitere ca. 20 Minuten im Ofen backen, bis der Mozzarella eine schöne Farbe angenommen hat. Dann herausnehmen, zurückhaltend mit Salz und schwarzem Pfeffer würzen und mit Basilikum bestreut servieren.

PRO PORTION:
505 kcal | 14 g E | 32 g F | 40 g KH

MINI-TOMATEN

MACHEN NICHT NUR AUF DER TARTE EINE GUTE FIGUR - SIE SIND AUCH ALS KLEINER SNACK ZWISCHENDURCH GANZ IDEAL. TIPP: HALBIEREN, ETWAS MOZZARELLA UND BASILIKUM ZWISCHEN DIE HÄLFTEN GEBEN UND MIT EINEM ZAHNSTOCHER DURCHPIKSEN - SO SCHNELL GEHT FINGERFOOD!

TARTETEIG
GRUNDREZEPT

Zubereitungszeit: 10 Min. plus Ruhezeit
Portionen: 1 Tarte

Zutaten:
250 g Mehl, Type 405
1 TL Salz
1 Ei (Größe M)
125 g kalte Butter
1–2 EL eiskaltes Wasser

Außerdem:
Tarteform mit Hebeboden (Ø 28 cm)

Mehl und Salz mischen. Ei, Butter in Stückchen und Wasser zugeben und **2 Minuten/Teigknetstufe** zu einem glatten Teig verkneten. Den Teig zugedeckt ca. 30 Minuten kalt stellen.

GESAMT:
1875 kcal | 38 g E | 109 g F | 178 g KH

LOW CARB

WER SAGT DENN, DASS FRIKADELLEN IMMER AUS RINDFLEISCH SEIN MÜSSEN? UNSERE GEFLÜGEL-VARIANTE IST MAL WAS ANDERES UND EXTREM LECKER!

GEFLÜGEL-FRIKADELLE

AUF BLUMENKOHLPÜREE MIT ZUCCHINI-MÖHREN-SALAT

RAFFINIERT: BLUMENKOHL-PÜREE

Zubereitungszeit: 35 Min.
Portionen: 4

Zutaten:
60 g Zwiebel
2 Stiele Petersilie, gewaschen, trocken getupft, Blätter vom Stängel gezupft
500 g Wasser
600 g Blumenkohl
150 g Geflügelhackfleisch
1 TL Paniermehl
Salz & Pfeffer
40 g Rapsöl
400 g Möhren
300 g Zucchini
15 g Weißweinessig
10 g Honigsenf
5 g Sesamsaat
100 g Milch, 1,5 % Fett
Muskatnuss, gerieben

SCHÄTZT DIE VIELSEITIGKEIT VON BLUMENKOHL: CHRISTINE BIRNBAUM AUS DEM MIXX-TEAM

Zwiebel schälen, halbieren und in den Mixtopf geben und **5 Sekunden/Stufe 5** zerkleinern, umfüllen. Petersilie in den Mixtopf geben und **3 Sekunden/Stufe 7** zerkleinern, umfüllen.

Wasser in den Mixtopf geben, Varoma einsetzen, Blumenkohl putzen, in Röschen schneiden und einlegen. **15 Minuten/Varoma/Stufe 1** garen. Danach das Wasser ausschütten und Gemüse kurz mit kaltem Wasser abschrecken.

Hack, Paniermehl, Zwiebel und Petersilie in den Mixtopf geben, mit Salz und Pfeffer würzen und **5 Sekunden/Stufe 3,5** vermischen. Mit angefeuchteten Händen Frikadellen formen.

20 g Öl in einer Pfanne erhitzen. Frikadellen darin unter Wenden 8 bis 10 Minuten anbraten. Möhren schälen, waschen, grob zerkleinern, in den Mixtopf geben und **3 Sekunden/Stufe 5** zerkleinern, umfüllen. Zucchini putzen, waschen und mit einem Spiralschneider in lange Streifen schneiden.

Schmetterling einsetzen, Essig, Senf, 20 g Öl, Pfeffer und Salz hinzufügen und **10 Sekunden/Stufe 3,5** vermischen, umfüllen.

Sesam zu den Frikadellen in die Pfanne geben, Frikadellen darin wälzen und noch ein bis zwei Minuten weiterbraten.

Blumenkohl in den Mixtopf geben und **5 Sekunden/Stufe 4** zerkleinern. Milch zugeben und kurz vermischen **5 Sekunden/Stufe 3,5** mit Salz, Pfeffer und Muskat abschmecken.

Möhren, Zucchini und Vinaigrette vermengen. Püree, Frikadellen und Salat anrichten.

PRO PORTION:
295 kcal | 11 g E | 19 g F | 24 g KH

HACKBRATEN
MIT KÄSE UND SCHINKEN

FÜR DIE GANZE FAMILIE

Zubereitungszeit: 25 Min. plus Backzeit
Portionen: 6

Zutaten:
100 g Parmesan am Stück
1 Zwiebel
1000 g gemischtes Hackfleisch
20 g Semmelbrösel
Salz & Pfeffer
2 Eier (Größe M)
200 g Gouda in Scheiben
200 g Kochschinken
25 g Olivenöl
500 g Gemüsebrühe (fertig angerührt)
250 g Sahne

Parmesan grob zerkleinern und in den Mixtopf geben und **5 Sekunden/Stufe 8** zerkleinern, umfüllen. Zwiebel schälen, halbieren und in den Mixtopf geben und **5 Sekunden/Stufe 5** zerkleinern, mit dem Spatel nach unten schieben. Hackfleisch, Semmelbrösel, Salz, Pfeffer, Eier und den Parmesankäse in den Mixtopf geben und **2 Minuten/Teigknetstufe** vermischen.

Das Hackfleisch zu einem Rechteck ausrollen (geht gut auf einer Backunterlage). Das Rechteck mit dem Kochschinken und den Käsescheiben belegen. Dann alles zusammenrollen und an den Enden gut zudrücken, damit der Käse nicht rausläuft.

Das Öl im Bräter erhitzen. Die Rolle gut von allen Seiten anbraten.

Den Backofen auf 200°C Ober-/Unterhitze vorheizen.

Die Gemüsebrühe in den Bräter gießen und den Hackbraten ca. 15 Minuten in den Backofen geben, bis die Flüssigkeit kocht. Dann den Braten für ca. 60 Minuten bei 150°C garen.

Den Braten herausnehmen und warm stellen. Die Sauce eventuell noch etwas andicken und dann mit der Sahne verrühren. Die Sauce ist durch die Gemüsebrühe meist schon würzig genug.

PRO PORTION:
818 kcal | 54 g E | 64 g F | 7 g KH

FELIX KROHMER
AUS DEM MIXX-TEAM

„WENN ICH FRÜHER VON DER SCHULE HEIMKAM UND DIE MATHE-ARBEIT VERSEMMELT HATTE, DANN WAR DAS BESTE REZEPT GEGEN SCHLECHTE LAUNE MAMAS HACKBRATEN!!! HACK IST EINFACH UNSCHLAGBAR VIELSEITIG – DANKE SYLVIA, TOLLES REZEPT!"

DER BELIEBTE
KLASSIKER -
IMMER GUT!!!

MIT FRISCHEM
OREGANO GARNIEREN –
DAS MACHT EINDRUCK

HACKLASAGNE

Zubereitungszeit: 35 Min. plus Backzeit
Portionen: 6

HOT HOT HOT!

Zutaten:
1 Zwiebel
1 Knoblauchzehe
150 g Möhren
10 g Olivenöl
500 g gemischtes Hackfleisch
100 g Chilisauce
400 g Tomaten in Stücken (Dose)
1-2 TL getrocknete Kräuter der Provence
1 Dose Mais, 425 ml
1 Dose Kidneybohnen, 425 ml
Salz & Pfeffer
1 Bund Lauchzwiebeln
20 g Butter
20 g Mehl, Type 405
100 g Gemüsebrühe, fertig angerührt
250 g Milch, 1,5 % Fett
geriebene Muskatnuss
160 g Lasagneplatten
100 g Goudakäse, geraspelt
10 Kirschtomaten
frischer Oregano, gewaschen, trocken geschüttelt

Zwiebel, Knoblauch und Möhren schälen und grob zerkleinert in den Mixtopf geben und **5 Sekunden/Stufe 5** zerkleinern. Öl in einer Pfanne erhitzen. Zwiebel, Knoblauch und Möhren darin andünsten. Hackfleisch zufügen und anbraten. Chilisauce, Dosentomaten und Kräuter zufügen und ca. 10 Minuten köcheln lassen.

Inzwischen Mais und Kidneybohnen abgießen, kurz abspülen und abtropfen lassen. Zur Hacksauce geben und mit Salz würzen. Lauchzwiebeln putzen, waschen und je nach Länge der Auflaufform kürzer schneiden.

Butter in den Mixtopf geben und **3 Minuten/100°C/Stufe 1** erhitzen, Mehl zufügen und weitere **3 Minuten/100°C/Stufe 1** anschwitzen. Brühe und Milch zugeben und **4 Minuten/90°C/Stufe 4** glatt rühren und anschließend **10 Minuten/70°C/Stufe 4** köcheln lassen. Bechamelsauce mit Salz, Pfeffer und Muskat würzen.

Backofen vorheizen (200°C Ober-/Unterhitze / Umluft: 175°C / Gas: Stufe 3).

Zuerst die Hackmasse, dann Béchamelsauce, Lasagneplatten und Lauchzwiebeln in eine ofenfeste Auflaufform einschichten. Mit Hackmasse abschließen, Käse darüberstreuen. Kirschtomaten waschen, halbieren und daraufgeben. Im vorgeheizten Backofen ca. 45 Minuten goldbraun backen. Herausnehmen und mit Oregano garniert servieren.

PRO PORTION:
787 kcal | 42 g E | 39 g F | 68 g KH

MIXX-TIPP

MAN KANN DEN PIZZATEIG GANZ BEQUEM AM VORTAG VORBEREITEN UND FÜR CA. 12 STUNDEN IM KÜHLSCHRANK GEHEN LASSEN – SO WIRD ER SOGAR BESONDERS FEINPORIG

PIZZA
CHILI CON CARNE

Zubereitungszeit: 25 Min. plus Backzeit
Portionen: 1 Blech oder 2 runde Pizzen

SUPER ZUM KRIMIABEND

Zutaten:
1 Zwiebel
250 g gemischtes Hackfleisch
20 g Rapsöl
Salz & Pfeffer
1 Dose stückige Tomaten, 425 g
1 TL gemahlener Kreuzkümmel
100 g abgespülte Maiskörner (Dose)
100 g Kidneybohnen (Dose)
1 Prise Zucker
Tabasco
2 Frühlingszwiebeln,
80 g mittelalter Gouda, geraspelt
½ TL getrocknete Chiliflocken
250 g Pizzateig, (die Hälfte vom selbstgemachten, s.u.)
6 Stiele Koriandergrün, gewaschen, trocken geschüttelt, Blätter vom Stängel gezupft

Zwiebel schälen, halbieren, in den Mixtopf geben, **5 Sekunden/Stufe 5** zerkleinern und mit dem Hackfleisch in 20 g heißem Öl in der Pfanne anbraten. Salzen und pfeffern.

Tomatenstücke und Kreuzkümmel zugeben, aufkochen, dann 2 Minuten kochen. Maiskörner und Kidneybohnen zugeben und kurz mitkochen. Mit Salz, Pfeffer, Zucker und einigen Spritzern Tabasco würzen.

Ein Backblech im heißen Ofen bei 250°C vorheizen (Umluft nicht empfehlenswert).

Frühlingszwiebeln putzen, waschen und das Weiße und Hellgrüne schräg in Ringe schneiden. Käse mit Chiliflocken mischen.

Pizzateig halbieren und auf einer leicht bemehlten Arbeitsfläche zu 2 dünnen Teigfladen (24 cm Ø) ausrollen. Teigfladen auf je 1 Bogen Backpapier legen. Mit jeweils der Hälfte Chili con Carne bestreichen und Frühlingszwiebeln und Käse bestreuen.

Pizza mithilfe des Backpapiers auf das heiße Blech ziehen. Pizza im heißen Ofen im unteren Drittel 15–20 Minuten backen. Die andere Pizza ebenso backen. Chili-Pizza mit den restlichen Frühlingszwiebeln und Koriandergrün bestreut servieren.

PRO PORTION:
2380 kcal | 110 g E | 105 g F | 239 g KH

DER TEIG

Zubereitungszeit: 40 Min.
Portionen: 2

Zutaten:
1 Würfel frische Hefe
300 g Wasser
1 TL Zucker
Salz
500 g Weizenmehl, Tipo 00 oder Type 550
20 g Olivenöl

Hefe, Wasser, Zucker und eine Prise Salz in den Mixtopf geben und **3 Minuten/37°C/ Stufe 2** vermischen, fünf Minuten ruhen lassen. Mehl und Olivenöl zugeben und **5 Minuten/Teigknetstufe** zu einem geschmeidigen Hefeteig verarbeiten, umfüllen und ca. 1 Stunde abgedeckt ruhen lassen. Anschließend mit den Händen noch einmal durchkneten und zu einer Kugel geformt zugedeckt an einem warmen Ort nochmals ca. 30 Minuten gehen lassen.

Den Pizzateig nach dem Gehen noch einmal mit den Händen kräftig durchkneten. Den Teig für vier kleine Pizzen vierteln, für eine Blechpizza im Ganzen auf einer mit Mehl bestäubten Arbeitsfläche ausrollen. Den Teig mit bemehlten Händen immer weiter auseinanderziehen, bis vier kleine oder ein großer dünner Pizzateig-Fladen entstehen.

PRO PORTION:
977 kcal | 28 g E | 13 g F | 182 g KH

PUFFER
EINPLANEN!

KRESSE

Bereits in der Antike schätzte man die Kresse wegen ihrer vielfachen Heilwirkung. Regelmäßig genossen, senkt sie den Blutzuckerspiegel, vertreibt Viren, Bakterien und Pilze, wirkt also wie ein natürliches Antibiotikum und hat zudem auch einen hohen Vitamin-C-Gehalt. Ein wahrer Schutzschild gegen Erkältungen! Das in der Kresse enthaltene Spurenelement Jod regt den Stoffwechsel an und Chrom, ebenfalls ein Spurenelement, sorgt für ein lang anhaltendes Sättigungsgefühl, hilft also beim Abnehmen.

PUFFER

AUS KARTOFFELN UND MÖHREN

MAG (FAST) JEDES KIND

Zubereitungszeit: 30 Min.
Portionen: ca. 15 Stück

Zutaten:
800 g Kartoffeln, festkochend
400 g Möhren
1 Zwiebel
80 g Mehl, Type 405
2 Eier (Größe M)
Pfeffer
Salz
5 EL Rapsöl
½ Beet Kresse
300 g Vollmilchjoghurt
2 EL süß-scharfe Chilisauce
1 TL abgeriebene, unbehandelte Zitronenschale

Kartoffeln und Möhren waschen und schälen. Zwiebel schälen. Alles grob zerkleinern, dann in zwei Portionen nacheinander in den Mixtopf geben und je **5 Sekunden/Stufe 5** zerkleinern. Dann alles wieder zusammen in den Mixtopf geben, Mehl und Eier zugeben und **20 Sekunden/Stufe 3,5** verrühren, mit Salz und Pfeffer würzen.

Mit je 1 EL Öl nacheinander in einer Pfanne je drei Puffer backen.

Kresse mit Vollmilchjoghurt, süß-scharfer Chilisauce, Salz und abgeriebener Zitronenschale in den Mixtopf geben und **10 Sekunden/Stufe 3,5** verrühren.

Die Puffer mit dem Dip servieren.

PRO PORTION:
115 kcal | 3 g E | 4 g F | 15 g KH

PAPA, ESSEN STEHT AUF DEM TIIIIIIIIIIIISCH!!!!!

DIE ZARTESTE VERSUCHUNG, SEIT ES HÄHNCHEN GIBT

HÄHNCHENFILETS
IN TOMATEN-FRISCHKÄSE-SAUCE

FRISCHKÄSE DAZU IST DER CLOU!

Zubereitungszeit: 20 Min. plus Marinierzeit
Portionen: 4

Zutaten:
3 Hähnchenbrüste (ca. 750 g)
20 g Sojasauce
5 g Zitronensaft
20 g Honig
60 g Parmesan
2 EL Öl
Salz & Pfeffer
200 g Milch, 1,5 % Fett
1 Pck. Frischkäse mit Tomate (z. B. „Toskana" von Buko)
75 g getrocknete Tomaten, halbiert
Chiliflocken

Außerdem:
1 großer Gefrierbeutel

Hähnchenbrustfilets waschen, trocken tupfen und in ca. 1 cm dicke Streifen schneiden. Schmetterling einsetzen, Sojasauce, Zitronensaft und Honig in den Mixtopf geben und **10 Sekunden/Stufe 3,5** vermischen, Schmetterling entfernen, Marinade mit den Hähnchenstreifen in den Gefrierbeutel geben, verschließen und für ca. 15–20 Minuten marinieren.

Parmesan in groben Stücken in den gereinigten Mixtopf geben und **5 Sekunden/Stufe 8** zerkleinern.

Öl in einer großen Pfanne erhitzen und das marinierte Fleisch bei gelegentlichem Wenden ca. 8 Minuten anbraten, mit etwas Salz und Pfeffer würzen.

Anschließend die Milch zu dem Fleisch geben und den Bratensatz lösen. Frischkäse, Tomaten und die Marinade aus dem Gefrierbeutel in die Pfanne geben und alles unter Rühren aufkochen lassen. Den Parmesan untermischen und die Sauce mit Salz, Pfeffer und Chiliflocken abschmecken.

PRO PORTION:
567 kcal | 63 g E | 28 g F | 12 g KH

HÄHNCHEN

WER NICHT DIE GELEGENHEIT HAT, FRISCHE HÄHNCHEN DIREKT BEIM BAUERN ZU KAUFEN, ABER TROTZDEM WERT LEGT AUF ARTGERECHTE HALTUNG UND FÜTTERUNG, WIRKLICH GUTEN GESCHMACK, DEN VERZICHT AUF ANTIBIOTIKA UND KURZE TRANSPORTWEGE, DER SOLLTE SICH INFORMIEREN, WO IN DER NÄHE KIKOK-HÄHNCHEN ANGEBOTEN WERDEN. KIKOK-GEFLÜGEL BEKOMMT MEHR ZEIT ZUM WACHSEN UND DIESES „MEHR" MERKT MAN DEM SLOW-HÄHNCHEN DANN AUCH AN - ES SCHMECKT WIE FRÜHER UND IST NACH DEM DURCHBRATEN IMMER NOCH ZART UND SAFTIG.

REISPFANNE MIT HACK UND KLEINEN TOMATEN

EINFACH LECKER!

Zubereitungszeit: 40 Min.
Portionen: 4

Zutaten:
4 Zweige glatte Petersilie, gewaschen, trocken geschüttelt, vom Stängel gezupft
3 Zwiebeln (ca. 150 g)
20 g Olivenöl
600 g gemischtes Hackfleisch
50 g Tomatenmark
Salz & Pfeffer
½ TL Paprikapulver
1000 g Gemüsebrühe, fertig angerührt
300 g Langkornreis
8 Cocktailtomaten

Petersilie in den Mixtopf geben und **3 Sekunden/Stufe 7** zerkleinern, umfüllen.

Zwiebeln schälen, halbieren, in den Mixtopf geben und **5 Sekunden/Stufe 5** zerkleinern. Öl in einer Pfanne erhitzen, Zwiebeln darin andünsten, Hackfleisch zufügen und rundherum goldbraun anbraten. Tomatenmark zufügen und kurz mit anbraten, mit Salz, Pfeffer und Paprikapulver würzen.

Fleisch in den Mixtopf geben, Brühe zugeben und **10 Sekunden/Linkslauf/Stufe 2,5** verrühren. Reis zugeben und **20 Minuten/80°C/Linkslauf/Stufe 1,5** bissfest köcheln lassen.

Tomaten waschen, trocken tupfen, längs halbieren. Petersilie mit dem Spatel unter den Reis mischen. Tomaten in den Reis setzen und **5 Minuten/80°C/Linkslauf/Rührstufe** mitgaren lassen.

PRO PORTION:
711 kcal | 43 g E | 31 g F | 61 g KH

PASTA-AUFLAUF MIT TOMATENSAUCE

Zubereitungszeit: 35 Min.
Portionen: 4

Zutaten:
500 g Makkaroni
1 Zwiebel
35 g Rapsöl
800 g stückige Tomaten (Dose)
Salz & Pfeffer
50 g Parmesan
jeweils 10 g Petersilie und Dill, gewaschen, trocken geschüttelt, vom Stängel gezupft
5 Eier (Größe M)
300 g Milch, 1,5 % Fett
1 Prise Muskatnuss

Nudeln nach Packungsanleitung bissfest garen.

Zwiebel schälen, halbieren, in den Mixtopf geben und **5 Sekunden/Stufe 5** zerkleinern, mit dem Spatel nach unten schieben. 15 g Öl zufügen und **4 Minuten/120°C/Stufe 1** andünsten. Tomaten zugeben, salzen, pfeffern und **5 Minuten/80°C/Stufe 1** köcheln lassen, Tomatensauce umfüllen, Mixtopf reinigen.

Parmesan in groben Stücken in den Mixtopf geben und **5 Sekunden/Stufe 10** zerkleinern.

Kräuter in den Mixtopf geben und **3 Sekunden/Stufe 7** zerkleinern, mit dem Spatel nach unten schieben. Eier, Milch, Salz, Pfeffer, geriebene Muskatnuss **10 Sekunden/Stufe 3,5** vermischen.

10 g Öl in einer tiefen Pfanne erhitzen, Nudeln spiralförmig einlegen, mit der Eiermilch übergießen. Bei mittlerer Hitze und geschlossenem Deckel ca. 5 Minuten stocken lassen. Mithilfe eines Tellers wenden und weitere 5 Minuten in weiteren 10 g Öl braten. Tomatensauce zum Makkaronikuchen reichen.

PRO PORTION:
737 kcal | 32 g E | 21 g F | 99 g KH

REISPFANNE
PASTA-AUFLAUF

FRIKADELLEN

OB FRIKADELLE, BULETTE, BRATKLOPS, FLEISCHPFLANZERL, FLEISCHKÜCHLE ODER FASCHIERTES LAIBCHEN – DIE REGIONALEN BEZEICHNUNGEN SIND FAST SO VIELFÄLTIG WIE DIE GEHEIMNISSE UM DIE ZUBEREITUNG. FRIKADELLEN – WIR NENNEN SIE AN DIESER STELLE JETZT EINFACH MAL SO, WEIL SICH DAMIT FAST ALLE ANGESPROCHEN FÜHLEN – SIND DER INBEGRIFF DES WOHLIGEN GEFÜHLS, WEIL MAN WEIß, DASS DAS, WAS AUF DEN TELLER KOMMT, GANZ OHNE EXPERIMENTE UND SCHON IMMER GENAUSO ZUBEREITET WURDE, DAZU NOCH RICHTIG LECKER SCHMECKT UND EINEN AN KINDERTAGE ERINNERT. WIR SIND DESHALB GESPANNT, WIE EUCH SYLVIA LÜHERTS FRIKADELLENREZEPT SCHMECKT. VIELLEICHT WIRD ES JA IRGENDWANN EUER TRADITIONSESSEN …

FRIKADELLEN

MIT SCHLEMMERFAKTOR

ES GEHT DOCH NICHTS ÜBER FRIKADELLEN!

Zubereitungszeit: 35 Min.
Portionen: 4

Zutaten:
100 g Parmesan
1 Zwiebel
1 rote Paprikaschote
1 gelbe Paprikaschote
500 g gemischtes Hackfleisch
1 Ei (Größe M)
½ TL Salz
½ TL Pfeffer
2 EL Sonnenblumenöl
20 g Mehl Type 405
1 EL getrocknete Kräuter
(z. B. Kräuter der Provence)
1 TL Paprikapulver
200 g Sahne
200 g Wasser

Parmesan in groben Stücken in den Mixtopf geben, **5 Sekunden/Stufe 8** zerkleinern, umfüllen.

Zwiebel schälen und halbieren. Paprika waschen, Kerngehäuse entfernen und in Stücke schneiden. Alles in den Mixtopf geben und **5 Sekunden/Stufe 5** zerkleinern. Die Hälfte vom Gemüse entnehmen und zur Seite stellen.
Hackfleisch, Parmesan und das Ei in den Mixtopf geben und mit Salz und Pfeffer würzen, dann **1 Minute/Teigknetstufe** vermischen. Die Masse zu Kugeln formen. Mixtopf reinigen.

Öl in einer Pfanne erhitzen und die Frikadellen darin von allen Seiten braten. Übriges zerkleinertes Gemüse hinzufügen und weiterbraten.

Mehl, getrocknete Kräuter, Paprikapulver und Sahne in den Mixtopf geben und **20 Sekunden/Stufe 3,5** vermischen. Sauce über den Frikadellen verteilen. Wasser hinzufügen und 15 Minuten köcheln lassen.

PRO PORTION:
671 kcal | 39 g E | 50 g F | 12 g KH

ACH DU DICKER KLOPS!

ERDNUSS-CHICKEN
IN KOKOSMILCH

CREMIGER GEHT'S NICHT!

Zubereitungszeit: 35 Min.
Portionen: 4

Zutaten:
1 große Gemüsezwiebel
250 g Basmatireis
1200 g heißes Wasser (im Wasserkocher vorgekocht)
2 EL Erdnussöl
4 Hähnchenbrustfilets
Salz & Pfeffer
1 Dose Kokosmilch, 400 ml
5 EL Sojasauce
3 EL Erdnussbutter (aus dem Glas)
2 EL geröstete, gesalzene Erdnusskerne
1 Bund Schnittlauch, geputzt, gewaschen, in feine Röllchen geschnitten

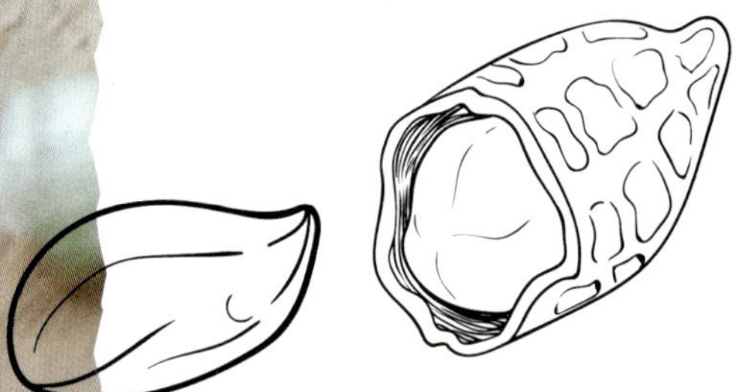

Zwiebel schälen, vierteln und in den Mixtopf geben und **5 Sekunden/Stufe 5** zerkleinern, umfüllen, Mixtopf auswaschen.

Reis im Garkörbchen abwiegen und dann unter fließendem Wasser waschen, bis keine Reisstärke mehr zu sehen ist. Garkörbchen einsetzen und das gekochte Wasser einfüllen und abwiegen. Den Reis **10 Minuten/100°C/Stufe 4** kochen und anschließend 10 Minuten bei geschlossenem Deckel nachgaren lassen.

Hähnchenfilets waschen, trocken tupfen und grob würfeln. Öl in einer großen Pfanne erhitzen. Fleisch und darin rundherum 3–4 Minuten anbraten. Zwiebeln dazufügen und 1–2 Minuten mitbraten. Mit Salz und Pfeffer würzen.

Mit Kokosmilch und 3 EL Sojasauce ablöschen, aufkochen. Erdnussbutter einrühren. Unter Rühren 3–4 Minuten köcheln. Mit der restlichen Sojasauce und Pfeffer abschmecken.

Erdnüsse grob hacken. Hähnchen mit dem Reis anrichten. Mit Erdnüssen und Schnittlauch bestreut servieren.

PRO PORTION:
811 kcal | 60 g E | 36 g F | 57 g KH

Träum...

GEFÜLLTE AUBERGINEN

KRETA-STYLE

Zubereitungszeit: 35 Min. plus Backzeit
Portionen: 4

Zutaten:
6 Stiele Thymian, gewaschen, trocken geschüttelt, Blättchen vom Stängel gezupft
1 Zweig Rosmarin, gewaschen, trocken geschüttelt, Nadeln vom Stängel gezupft
3 Zwiebeln
4 Knoblauchzehen
30 g Olivenöl
2 EL Tomatenmark
500 g stückige Tomaten (aus der Dose)
400 g Gemüsebrühe, fertig angerührt
Salz
Pfeffer
½ Bund glatte Petersilie, gewaschen, trocken geschüttelt
600 g Rinderhackfleisch
2 Eier (Größe M)
2 EL (10 g) Paniermehl
40 g geriebener Parmesan
200 g Schafskäse
4 kleine Auberginen

DANACH EINEN OUZO – FÜHLT SICH WIE URLAUB AN!

Thymian und Rosmarin mit dem Messer grob zerkleinern.

Zwiebeln und Knoblauch schälen, in den Mixtopf geben und **3 Sekunden/Stufe 5** zerkleinern, Zwei Drittel entnehmen und zur Seite stellen. 20 g Olivenöl in den Mixtopf geben und **4 Minuten/120°C/Stufe 2** erhitzen. Tomatenmark, Tomaten, Gemüsebrühe und die Hälfte der Thymian-Rosmarin-Mischung zufügen und **9 Minuten/100°C/Stufe 2** ohne Messbecher köcheln lassen, dabei das Garkörbchen als Spritzschutz aufsetzen. Mit Salz und Pfeffer abschmecken, umfüllen.

Rest Zwiebeln, Knoblauch und Rest Rosmarin und Thymian in 10 g Öl andünsten und anschließend abkühlen lassen.

Backofen vorheizen (E-Herd: 200°C / Umluft:175°C / Gas: Stufe 3).

Petersilie in den Mixtopf geben und **3 Sekunden/Stufe 7** zerkleinern, mit dem Spatel nach unten schieben. Hack, Zwiebel-Mischung, Eier, Paniermehl, Parmesan, etwas Salz und Pfeffer zugeben und **30 Sekunden/Teigknetstufe** vermischen, Schafskäse zerbröckeln und mit den Händen daruntermischen.

Auberginen putzen, waschen, trocken tupfen und längs halbieren. Hälften etwas aushöhlen. Schnittflächen mit Salz und Pfeffer würzen. Hackmasse in die Auberginenhälften drücken.

Tomatensauce und Auberginen in einen großen weiten Bräter geben. Zugedeckt im vorgeheizten Backofen ca. 2 Stunden schmoren. Nach ca. 1 ½ Stunden den Deckel abnehmen und offen zu Ende schmoren. Dazu passt Reis.

PRO PORTION:
848 kcal | 58 g E | 52 g F | 41 g KH

Aussen knusprig, innen zart

SYLVIA LÜHERT AUS DEM MIXX-TEAM

CRISPY CHICKEN-WINGS
MIT CURRY-MANGO-MAYONNAISE

Zubereitungszeit: 25 Min. plus Backzeit
Portionen: 4

Zutaten:
200 g Cornflakes
6 EL Öl
6 EL Ahornsirup
2 TL Paprikapulver, edelsüß
Salz & weißer Pfeffer
1200 g Hähnchenflügel
1 reife Mango
250 g Sonnenblumenöl
1 Ei (Größe M)
1 TL Weißweinessig
½ TL Salz
½ TL Senf
2–3 EL Limettensaft
2 TL Currypulver

KINDER LIEBEN DIESE WINGS

Backofen vorheizen (E-Herd: 200°C / Umluft: 175°C /Gas: s. Hersteller). Cornflakes grob zerbröseln und auf einem großen, flachen Teller verteilen. Öl, Ahornsirup und Paprikapulver verrühren. Mit Salz und Pfeffer würzen.

Hähnchenflügel waschen, trocken tupfen und rundherum mit dem Würzöl einstreichen. Hähnchenflügel in den Cornflakes wenden und auf einem Backblech verteilen. Im heißen Ofen ca. 45 Minuten goldbraun backen.

Die Mango schälen, Fruchtfleisch vom Kern lösen und fein würfeln.

Für die Mayonnaise das Sonnenblumenöl in einem Gefäß auf dem Deckel einwiegen und zur Seite stellen. Ei, Essig, Salz und Senf in den Mixtopf geben und **5 Sekunden/Stufe 5** vermischen. Auf **Stufe 3,5** stellen, ohne den Messbecher abzunehmen, Sonnenblumenöl auf den Deckel geben und rühren, bis die Mayonnaise emulgiert ist. 2 EL Limettensaft und Curry zufügen und **5 Sekunden/Stufe 3,5** unterrühren. Mangowürfel mit dem Spatel unterheben und mit Salz, Pfeffer und Limettensaft abschmecken.

PRO PORTION:
481 kcal | 13 g E | 36 g F | 27 g KH

SCHNITZEL IN PANKO-KRÄUTERPANADE
MIT FRÜHLINGS-NUDELSALAT

Zubereitungszeit: 35 Min.
Portionen: 4

PANKO GIBT'S IM ASIALADEN

Zutaten:
500 g Penne oder Rigatoni
Salz
1 Bund glatte Petersilie, gewaschen, trocken geschüttelt, Blättchen vom Stängel gezupft
Saft und Schale einer Bio-Zitrone
1 Schale Gartenkresse, vom Beet geschnitten
80 g Panko (japanisches Paniermehl)
50 g Mandelkerne ohne Haut
1 Bund Radieschen
3 Stiele Zitronenmelisse, gewaschen, trocken geschüttelt, vom Stängel gezupft
150 g Vollmilchjoghurt
50 g Gemüsebrühe, fertig angerührt
50 g Salatcreme, 36 % Fett
Pfeffer aus der Mühle
50 g Baby-Blattspinat
4 dünne Schnitzel, gewaschen, trocken getupft
2 Eier (Größe M)
50 g Mehl
2 EL Butterschmalz

Außerdem:
2 Gefrierbeutel

Nudeln nach Packungsanweisung zubereiten.

Petersilie in den Mixtopf geben, **3 Sekunden/Stufe 7** zerkleinern, mit dem Spatel nach unten schieben. Hälfte der Zitronenschale, Kresse und Panko in den Mixtopf geben und mit der Petersilie **10 Sekunden/Stufe 3** verrühren, dann umfüllen.

Mandeln in einer Pfanne ohne Fett goldbraun rösten. Auf einem flachen Teller auskühlen lassen.

Radieschen waschen, putzen und in Scheiben schneiden, beiseitestellen. Zitronenmelisse in feine Streifen schneiden und mit Joghurt, Brühe, Salatcreme, restlicher Zitronenschale und 1 EL Zitronensaft in den Mixtopf geben und **20 Sekunden/Stufe 3** verrühren, mit Salz und Pfeffer abschmecken.

Nudeln abgießen, kalt abschrecken und abtropfen lassen. In einer großen Schüssel mit Joghurtdressing und Radieschen mischen. Mandeln grob hacken, Spinat waschen und trocken schleudern. Beides unterheben.

Fleisch in dünne, ca. 30 g schwere Schnitzel schneiden. Evtl. zwischen zwei Gefrierbeuteln flacher klopfen. Fleisch mit Salz und Pfeffer würzen. Eier verquirlen. Schnitzel nacheinander erst in Mehl, dann im verquirlten Ei und zum Schluss in der Panko-Kräuterpanade wenden und leicht andrücken.

Butterschmalz in zwei Portionen in einer großen Pfanne erhitzen. Schnitzel darin in zwei Portionen von beiden Seiten goldbraun braten. Fertig gebratene Schnitzel warm halten. Salat mit Salz und Pfeffer abschmecken und mit Schnitzeln auf Tellern anrichten.

PRO PORTION:
735 kcal | 38 g E | 29 g F | 84 g KH

SPRINGTIME

HÄHNCHENBRUST
MIT MANGO UND ANANAS

FRUCHTIG, CREMIG, HERZHAFT

Zubereitungszeit: 35 Min. plus Backzeit
Portionen: 4

Zutaten:
500 g Hähnchenbrustfilet
Salz & Pfeffer
Currypulver
200 g Mango, TK oder frisch
200 g Ananas, TK oder frisch
200 g Sahne
200 g Schmand
1 EL Gemüsepaste
1 EL Mehl
200 g Reis
1000 g Wasser
20 g Olivenöl

Hähnchenbrustfilet in Stücke schneiden, in eine Auflaufform legen, mit Salz, Pfeffer und Curry würzen. Mango schälen und entkernen, Ananas schälen, jeweils in Stücke schneiden und in die Auflaufform dazugeben.

Backofen vorheizen auf 200°C Ober-/Unterhitze.

Sahne, Schmand, Gemüsepaste und Mehl in den Mixtopf geben und **20 Sekunden/Stufe 3** vermischen, mit Salz, Pfeffer und kräftig Curry würzen. Anschließend über die Hähnchenbruststücke verteilen und im vorgeheizten Backofen ca. 25–30 Minuten fertig backen.

Währenddessen Reis im Garkörbchen einwiegen, gut unter fließendem Wasser waschen. Garkörbchen einsetzen, Reis salzen, Olivenöl beigeben, Wasser zufügen und **15–17 Minuten/100°C/Stufe 4** kochen.

Reis mit Hähnchenbrust und Sauce anrichten.

PRO PORTION:
705 kcal | 37 g E | 36 g F | 61 g KH

KIM BENDER
AUS DEM MIXX-TEAM

„ICH LIEBE DIESES HÄHNCHEN!!! MANGO UND ANANAS SORGEN FÜR FRUCHTIGE EXOTIK, CURRY FÜR EINEN ANGENEHMEN SCHÄRFE-KICK UND ETWAS SAHNE DAZU MACHT DAS GANZE WUNDERBAR CREMIG. SUPERLECKER!!!"

MINI-BURGER
MIT MANGO UND RADICCHIO

Zubereitungszeit: 40 Min. plus Geh- und Backzeit
Portionen: 24 Stück

Zutaten:
25 g frische Hefe
20 g Zucker
250 g + 2 EL Milch, 1,5 % Fett
Salz & Pfeffer
50 g Butter
125 g Wasser
600 g Mehl, Type 405 + etwas zum Bearbeiten
1 Ei (Größe M)
1 Eigelb (Größe M)
2 EL Sesamsaat
800 g Rinderhackfleisch
1 TL Paprikapulver
4 EL Öl
2 Mangos, vom Kern geschnitten, geschält, in dünne Scheiben geschnitten
2 Radicchio-Salate, gewaschen, geputzt, in dünne Streifen geschnitten

Burgersauce:
120 g Miracle Whip
1 EL Sweet Pickle Relish
1 TL Honigsenf
½ TL heller Balsamico-Essig
½ TL Paprikapulver, edelsüß
½ TL Knoblauchpulver
½ TL Zwiebelpulver
½ TL Salz

Außerdem:
Holzspieße

KLEIN, ABER OHO!

Für die Hamburger-Brötchen Hefe, Zucker, 250 g Milch und eine Prise Salz in den Mixtopf geben und **3 Minuten/37°C/ Stufe 1** verrühren, 10 Minuten ruhen lassen. Butter, Wasser, Mehl und das ganze Ei zugeben und **10 Minuten/Teigknetstufe** zu einem elastischen Teig verkneten, umfüllen und zugedeckt an einem warmen Ort ca. 45 Minuten gehen lassen.

Teig auf einer bemehlten Arbeitsfläche kurz durchkneten. Aus dem Teig ca. 24 runde Teiglinge formen und auf zwei mit Backpapier ausgelegte Backbleche setzen. Zugedeckt ca. 20 weitere Minuten gehen lassen.

Backofen vorheizen (E-Herd: 200 °C / Umluft: 175 °C / Gas: s. Hersteller).

Eigelb mit 2 EL Milch verquirlen. Brötchen damit bestreichen und mit Sesam bestreuen. Blechweise nacheinander im vorgeheizten Backofen ca. 12 Minuten (auf Sicht) backen. Herausnehmen und auf einem Kuchengitter auskühlen lassen.

Hack mit 2 TL Salz, Pfeffer und Paprika würzen. Ca. 24 kleine Patties aus der Masse formen. Öl portionsweise in einer großen Pfanne erhitzen, Patties darin portionsweise unter Wenden 4–5 Minuten braten. Auf Küchenpapier abtropfen lassen.

Für die Burgersauce alle Zutaten in den Mixtopf geben und **20 Sekunden/Stufe 3,5** verrühren.

Burgerbrötchen halbieren. Untere Hälften mit Burgersauce bestreichen, mit Salat, Frikadellen und Mangoscheiben belegen. Obere Brötchenhälften darauflegen. Eventuell mit Holzspießen feststecken.

PRO PORTION:
242 kcal | 10 g E | 12 g F | 24 g KH

BBQ PULLED CHICKEN
MIT APFEL-COLESLAW

Zubereitungszeit: 50 Min. plus Marinier- und Backzeit
Portionen: 6

Zutaten:
1 Maishähnchen
100 g Apfelsaft
6 Sesam-Buns (siehe Rezept vorherige Seite)

Rub:
1 EL Salz
3 EL geräuchertes Paprikapulver
1 EL Paprikapulver, edelsüß
1 TL getrockneter Basilikum
1 TL getrockneter Thymian
1 TL Oregano, gerebelt
1 TL Knoblauch, granuliert
1 Msp. Zimt
1 Msp. Kreuzkümmel
2 EL Olivenöl
2 EL Akazienhonig

Apfel-Coleslaw:
600 g Weißkohl
Salz & Pfeffer
1 Zwiebel
250 g Möhren
1 Apfel
1 TL Zucker
150 g Crème fraîche
100 g Schlagsahne
4 EL Apfelessig

Sweet Barbecue-Sauce:
1 Zwiebel
2 Knoblauchzehen
20 g Butter
10 g Öl
250 g Tomatenketchup
60 g Zuckerrübensirup
50 g Essig
15 g Zitronensaft
15 g Sojasauce
30 g Whisky

Für den Rub alle Zutaten in den Mixtopf geben und **5 Sekunden/Stufe 4** vermischen. Maishähnchen mit Rub einreiben und in Folie gepackt für 24 Stunden in den Kühlschrank legen.

Für den Coleslaw den Kohl putzen, waschen, in Spalten schneiden. In zwei Portionen in den Mixtopf geben. Je **5 Sekunden/Stufe 5** zerkleinern und in eine Schüssel umfüllen. Mit ½ TL Salz bestreuen und mit den Händen gut durchkneten.

Zwiebel schälen, halbieren. Möhren putzen, schälen und grob zerkleinern. Apfel waschen, entkernen, vierteln. Alles in den Mixtopf geben und **5 Sekunden/Stufe 5** zerkleinern, mit Pfeffer und 1 TL Zucker würzen. Crème fraîche, Sahne und Essig zugeben und **10 Sekunden/Stufe 3** verrühren. Mit dem Kohl vermengen und alles zusammen mit Salz, Pfeffer und Zucker abschmecken. Kalt stellen und ziehen lassen.

Hähnchen aus dem Kühlschrank nehmen und ca. 1 Stunde bei Zimmertemperatur liegen lassen. Anschließend den Backofen vorheizen auf 160°C Ober-/Unterhitze. Hähnchen in eine Auflaufform setzen, den Apfelsaft angießen und für ca. 1,5 Stunden im vorgeheizten Backofen garen.

Währenddessen für die BBQ-Sauce Zwiebel und Knoblauch schälen und in den Mixtopf geben, **5 Sekunden/Stufe 5** zerkleinern, mit dem Spatel nach unten schieben. Butter und Öl zugeben und **4 Minuten/120°C/Stufe 1** dünsten. Restliche Saucenzutaten hinzufügen, **20 Minuten/100°C/Stufe 1** aufkochen, anschließend **20 Sekunden/Stufe 6–8** langsam aufsteigend pürieren.

Hähnchen nach der Garzeit aus dem Ofen holen, Haut entfernen, Fleisch von den Knochen lösen und in eine Schüssel geben. Das Fleisch in der Schüssel mit der Barbecue-Sauce vermischen und warm stellen.

Buns aufschneiden und kurz toasten, Coleslaw auf die unteren Bunshälften verteilen, Fleisch darauflegen, mit Barbecue-Sauce beträufeln und obere Bunshälfte auflegen.

PRO PORTION:
1029 kcal | 37 g E | 49 g F | 108 g KH

SYLVIA LÜHERT (L.) UND CHRISTINE BIRNBAUM

ZUCCHINI-SPAGHETTI
MIT GEFLÜGEL-BOLOGNESE

Zubereitungszeit: 30 Min.
Portionen: 4

Zutaten:
1 Möhre
2 EL Olivenöl
500 g Hähnchenbrustfilet
Salz & Pfeffer
1 Dose stückige Tomaten, 850 ml
¼ Bund glatte Petersilie, gewaschen, trocken geschüttelt, Blättchen vom Stängel gezupft
2 Stängel Thymian, gewaschen, trocken geschüttelt, Blättchen vom Stängel gezupft
2 Stängel Basilikum, gewaschen, trocken geschüttelt, Blättchen vom Stängel gezupft
100 g Gemüsebrühe, fertig angerührt
1 Prise Zucker
3 Zucchini (ca. 600 g)
500 g Wasser
50 g gehobelter Parmesan

Möhre schälen und in Stücken in den Mixtopf geben und **5 Sekunden/Stufe 5** zerkleinern, mit dem Spatel nach unten schieben. Öl zugeben und **4 Minuten/120°C/Stufe 1** andünsten.

Hähnchenbrust würfeln und zugeben und **5 Minuten/120°C/Linkslauf/Sanftrührstufe** andünsten. Salzen und pfeffern.

Tomaten, Kräuter und Gemüsebrühe zufügen und **3 Minuten/120°C/Linkslauf/Stufe 1** vermischen. Anschließend **10 Minuten/90°C/Linkslauf/Stufe 1** köcheln lassen, mit Salz, Pfeffer und 1 Prise Zucker abschmecken, umfüllen, Mixtopf ausspülen.

Zucchini waschen und mit einem Julienne-Schäler oder dem Spirelli (Gefu) zu Spaghetti drehen. 500 g Wasser in den Mixtopf füllen, Varoma aufsetzen, Zucchini-Spaghetti einfüllen und **10 Minuten/Varoma/Stufe 1** dämpfen.

Mit der Bolognese und Parmesan servieren.

PRO PORTION:
330 kcal | 42 g E | 11 g F | 15 g KH

WIR SIND Pizza Lover

PIZZA-FLADEN
MIT FETA

Zubereitungszeit: 25 Min. plus Ruhe-, Geh- und Backzeit
Portionen: 4

Zutaten:
175 g Wasser
10 g frische Hefe
1 TL Zucker
Salz & Pfeffer
300 g Dinkelmehl, Type 630 + etwas zum Bearbeiten
3 EL Olivenöl
1 Knoblauchzehe
200 g junger Blattspinat
300 g Crème fraîche
1 rote Paprikaschote
2 rote Zwiebeln
150 g Feta

Wasser, Hefe, Zucker und eine Prise Salz in den Mixtopf geben und **3 Minuten/37°C/Stufe 1** verrühren, 5 Minuten ruhen lassen.

Mehl und 2 EL Öl zufügen und **5 Minuten/Teigknetstufe** zu einem glatten Teig verkneten, umfüllen und zugedeckt an einem warmen Ort für ca. 1 Stunde ruhen lassen.

Knoblauch schälen und fein hacken, Spinat waschen und verlesen. 1 EL Öl in einer Pfanne erhitzen. Knoblauch darin andünsten. Spinat zufügen und zusammenfallen lassen. Mit Salz und Pfeffer würzen. Crème fraîche mit Salz und Pfeffer würzen.

Backofen vorheizen (E-Herd: 230°C / Umluft: 210°C / Gas: s. Hersteller).

Paprikaschote putzen, waschen, in Streifen schneiden, Zwiebeln schälen, halbieren und in Scheiben schneiden.

Teig vierteln und jede Portion auf etwas Mehl oval ausrollen. Fladen auf zwei mit Backpapier ausgelegte Backbleche legen und mit Crème fraîche bestreichen. Mit Paprika, Zwiebeln und Spinat belegen. Feta darüberbröckeln. Nacheinander im vorgeheizten Backofen ca. 15 Minuten backen.

PRO PORTION:
717 kcal | 19 g E | 43 g F | 64 g KH

High Five

DIE 5 TOP-GEWÜRZE AUS CHRISTINES GEWÜRZREGAL

1

MURRAY RIVER SALZ

Mit diesem Salz habe ich gelernt, wie spektakulär ein vermeintliches Allerweltsprodukt sein kann. Immer, wenn es etwas Besonderes sein soll, verwende ich diese wunderbar zarten, schnell schmelzenden und rosa schimmernden Flocken. Großartig! **www.sydneyfrances.com**

2

ANDALIMAN-PFEFFER

Klingt exotisch, ist auch exotisch, aber unglaublich lecker. Die Form ist ungewöhnlich – in der Dose erwarten Euch keine Pfefferkörner, sondern ganze Rispen. Zum Würzen einfach eine Rispe mörsern. Das wunderbare Zitrusaroma passt zu Currys, Hähnchen oder Fisch – und zu fast allen anderen Speisen. Eine einzige Rispe verwandelt übrigens „gewöhnliches" Leitungswasser in ein erfrischendes Zitronenwasser. **www.spicebar.de**

3

SHIP MADRAS CURRY POWDER

Felix, der kreative Kopf unseres MIXX-Teams und seines Zeichens Chefredakteur, hat sie mir im letzten Jahr bei einem Besuch geschenkt, diese sagenhafte grüne Dose. Seither experimentiere ich immer wieder aufs Neue, mit was Curry so alles harmoniert. In feinster Dosierung beispielsweise ganz wunderbar mit einem oder zwei Spiegeleiern. **www.amazon.de**

4

MAGIC DUST

Ursprünglich als Universal-Rub fürs BBQ in den USA zusammengemischt, kommt der „magische Staub" bei mir auch an Backofengemüse oder Bratkartoffeln. Klar, ist hier auch Pfeffer, Salz und Paprika drin. Aber noch so viel mehr. Hier solltet Ihr probieren, um die ideale Mischung für Euren Gaumen zu finden. Tipp: Bei manchen Firmen, wie z. B. Spicebar, gibt es kleine Probierportionen, damit das Risiko nicht so groß ist, falls es doch mal nicht schmecken sollte …
Aber auch die Mischung von **www.axtschlag.de** ist toll.

5

KURKUMA

Curcumin ist gesund und ich freue mich immer wieder aufs Neue, wie vielseitig das aus der Kurkuma-Wurzel gewonnene Pulver ist. Nur wenige Gemüse können sich in meiner Küche vor ihm in Sicherheit bringen, Fleisch sowieso nicht. Eine besonders gute Qualität gibt es beim Alten Gewürzamt. **www.altesgewuerzamt.de**

MIXX Shop

Anthrazitfarbene Latzschürze

Mit gesticktem MIXX-Logo, waschbar bei 60 °C

24,27 €

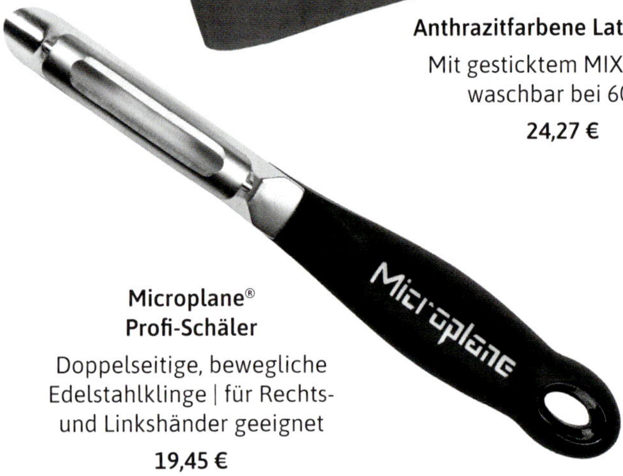

Microplane®
Profi-Schäler

Doppelseitige, bewegliche Edelstahlklinge | für Rechts- und Linkshänder geeignet

19,45 €

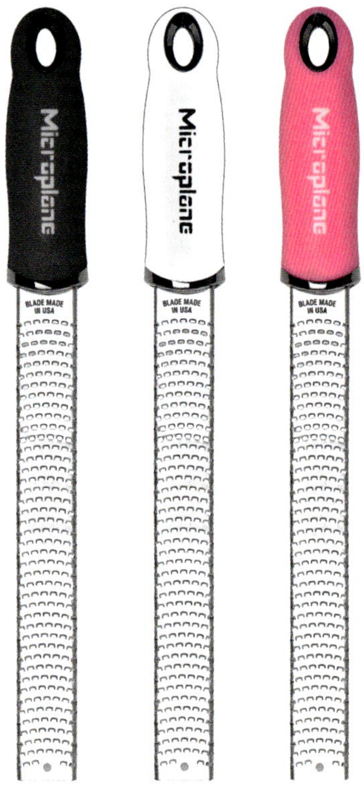

Microplane®
Premium Zester-Reibe

Ideal für alles, was fein gerieben werden soll
z. B. Zitrusfrüchte oder Parmesan
weiß / grau / pink

21,40 €

instagram.com/mixxmagazin
facebook.com/mixx.dasbesteausdemthermomix

Wir haben eine tolle Auswahl an Produkten für Euch zusammengestellt, mit denen das Kochen rund um den Thermomix® noch viel mehr Spaß macht. Schaut doch einfach mal in unseren neuen Shop. Dort findet Ihr noch eine ganze Menge weiterer Küchenhelfer.

WunderSlider®
Die unsichtbare Gleitbrett-Alternative für den Thermomix® TM6/TM5
29,19 €

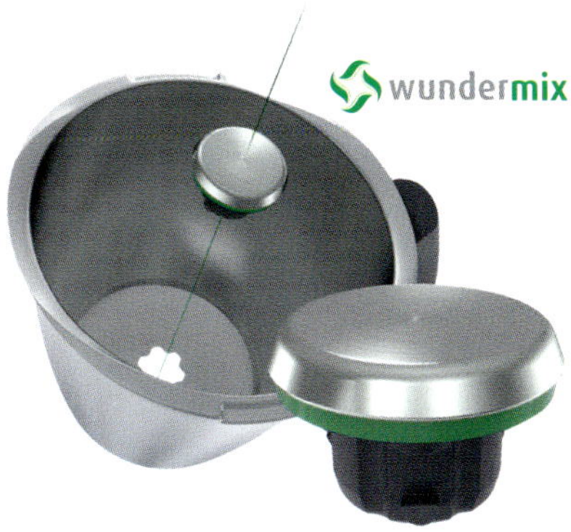

WunderCap®
Die clevere Alternative zur Messerabdeckung
19,80 €

Akku-Fensterreiniger WV 50 Plus
Fensterreinigung der cleveren Art
~~60,- €~~ 39,95 €

MiPla® Warmhaltehaube L
Für Varoma-Behälter + Gareinsatz
49,90 €

TeigTwister® für TM6/TM5
Teiglöser aus Kunststoff
12,62 €

WunderSteam
Der erste stapelbare Varoma-Kamin, erhältlich in grau oder grün
12,62 €

Mixtopf-Spülbürsten-Set
5er-Pack | je Farbe 1 Stk.
14,48 €

MIXX Special-Edition-FlexiSpatel®
Biegsamer Spatel für den Thermomix®, 28,5 cm
13,60 €

Calotti®
Drehkellenspatel für Thermomix® TM6/TM5/TM31 zum Entnehmen, Schöpfen und Portionieren
19,45 €

Reinschauen und bestellen unter:

www.mixx-shop.de

ALL in ONE

Hier zeigt der Thermomix® am eindrucksvollsten, was er drauf hat – All-in-One-Gerichte sind genial einfach, super praktisch und fix gezaubert. Viel Spass mit unseren Favoriten aus fünf Jahren MIXX …

Pasta mit Lachs in Tomaten-Sahne-Sauce

Zubereitungszeit: 40 Min.
Portionen: 2

Zutaten:
100 g Parmesan
400 g frische Tagliatelle, aus dem Kühlregal
400 g Lachsfilet
600 g Wasser
1 EL Gemüsebrühpulver
250 g Cocktailtomaten
4 Frühlingszwiebeln
20 g Butter
20 g trockener Weißwein
150 g Crème fraîche
10 g Honigsenf
Salz
Pfeffer, frisch gemahlen
½ Bund Dill, gewaschen, trocken geschüttelt, Fähnchen vom Stängel gezupft, grob zerkleinert

Parmesan in den Mixtopf geben und **5 Sekunden/Stufe 8** zerkleinern, umfüllen und Mixtopf ausspülen.

Die Nudeln in den Varoma legen, Lachs in kleine Stücke zerteilen und auf den Nudeln verteilen. Varoma verschließen und zur Seite stellen.

Wasser und Gemüsebrühpulver in den Mixtopf geben, Varoma aufsetzen und alles zusammen **20 Minuten/Varoma/Stufe 2** garen. Inzwischen Tomaten waschen, Stielansätze entfernen und halbieren. Frühlingszwiebeln putzen, waschen und in Ringe schneiden. Nach Ende der Garzeit Varoma abnehmen und warmhalten, Mixtopf leeren.

Butter in den Mixtopf geben und **2 Minuten/120°C/Stufe 2** schmelzen. Mit dem Weißwein ablöschen, die Tomaten und Frühlingszwiebeln zufügen und **2 Minuten/120°C/Linkslauf/Stufe 2** weiter dünsten. Mit dem Spatel nach unten schieben. Crème fraîche und Senf zugeben und **1 Minute/80°C/Linkslauf/Stufe 2** verrühren. Mit Salz und Pfeffer abschmecken.

Die Sauce mit Nudeln und Lachs vermischen, Dill darüberstreuen und mit dem Parmesan servieren.

Pro Portion:
654 kcal | 38 g E | 38 g F | 38 g KH

Fenchel-Parmesan-Pasta

Zubereitungszeit: 25 Min.
Portionen: 4

Zutaten:
2 Knollen (ca. 400 g) Fenchel
20 g Olivenöl
1 Knoblauchzehe
500 g Milch, 1,5 % Fett
425 g Gemüsebrühe, fertig angerührt
Salz & Pfeffer
350 g Nudeln (12 Min. Kochzeit)
50 g Parmesan, gerieben oder im Mixtopf
3 Sekunden/Stufe 8 zerkleinert

Fenchel waschen, trocken tupfen und oben das Grün und unten den harten Strunk entfernen. Das Grün beiseitestellen. Fenchel vierteln, nochmals teilen und quer in dünne Scheibchen schneiden, in den Mixtopf geben. Olivenöl zufügen und **4 Minuten/120°C/Stufe 1** andünsten. Mit dem Spatel nach unten schieben. Knoblauch geschält und in dünne Scheiben geschnitten zugeben und weitere **2 Minuten/120°C/Stufe 1** mitdünsten.

Milch und Brühe zugießen, salzen, pfeffern und **8 Minuten/100°C/Stufe 1** aufkochen. Die Nudeln zugeben, mit dem Spatel umrühren und **12 Minuten/80°C/Linkslauf/Stufe 1** ohne Messbecher köcheln.

Parmesan mit dem Spatel unterrühren und kurz ziehen lassen. Nudeln noch einmal durchrühren und abschmecken. Mit Fenchelgrün bestreut servieren.

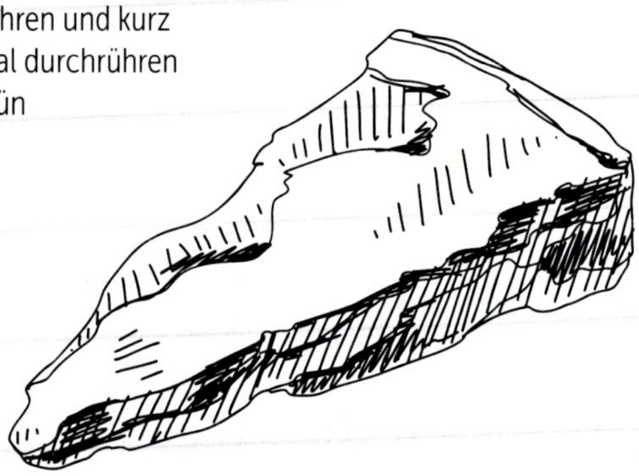

Pro Portion:
313 kcal | 15 g E | 13 g F | 37 g KH

FENCHEL
GIBT JEDEM GERICHT EIN UNVERGLEICHLICHES AROMA

ANTJE HEEL
HERAUSGEBERIN DER MIXX

„ALL IN ONE FINDE ICH EINFACH GROßARTIG, WEIL SCHNELL GEMACHT UND SEHR, SEHR LECKER! DIESE FENCHEL-PARMESAN-PASTA IST EIN ABSOLUTES HIGHLIGHT: GENIAL EINFACH UND FENCHEL MIT PARMESAN IST EINE SUPER KOMBI!"

Nudeln Bella Italia

Zubereitungszeit: 30 Min.
Portionen: 4

PASTA MIT BOLO - CHE BUONO!!!

Zutaten:
2 Möhren
1 Zwiebel
1 Knoblauchzehe
25 g Olivenöl
250 g Rinderhackfleisch
500 g passierte Tomaten
80 g Tomatenmark
350 g warmes Wasser
1 TL Gemüsebrühpulver
1 TL Salz
2 Prisen Pfeffer
½ TL Zucker
2 TL italienische Kräuter
250 g Makkaroni
100 g Mozzarella
100 g Parmesan, gerieben oder im Mixtopf **3 Sekunden/Stufe 8** zerkleinert
1 Handvoll Basilikumblätter

Möhren, Zwiebel, Knoblauch schälen. Möhren in Stücken, Zwiebel halbiert und Knoblauchzehe in den Mixtopf geben, **5 Sekunden/Stufe 5** zerkleinern, mit dem Spatel nach unten schieben. Öl zugeben und **4 Minuten/120°C/Stufe 1** dünsten.

Thermomix® auf **7 Minuten/120°C/Linkslauf/Rührstufe** einstellen und das Hackfleisch in kleinen Portionen durch den Mixtopfdeckel zufügen und garen.

Passierte Tomaten, Tomatenmark, Wasser, Gemüsebrühpulver, Pfeffer, Salz, Zucker und italienische Kräuter zugeben und **7 Minuten/100°C/ Linkslauf/Rührstufe** aufkochen.
Ungekochte Makkaroni hinzugeben, mit dem Spatel einmal durchrühren, **10 Minuten/100°C/Linkslauf/Rührstufe** aufkochen. Mit dem Spatel noch einmal durchrühren oder die Nudeln umfüllen.

Mit Mozzarella toppen, Parmesan bestreuen und Basilikumblättern dekorieren.

Pro Portion:
457 kcal | 29 g E | 22 g F | 35 g KH

Pasta, pasta, pasta

Gedämpfte Nuss-Buchteln

Zubereitungszeit: 45 Min. plus Ruhe- und Gehzeit
Portionen: 8

Zutaten:
1 Pck. Trockenhefe
250 g Milch, 1,5 % Fett
60 g Zucker
500 g Mehl, Type 405
1 Prise Salz
1 Pck. Vanillezucker
50 g Butter, zimmerwarm
1 Ei (Größe M)
2 Eigelbe (Größe M)
1 EL Butter zum Einfetten
150 g Haselnüsse, gemahlen
700 g Wasser

Außerdem:
hitzebeständige Form

Hefe, Milch und Zucker in den Mixtopf geben und **3 Minuten/37°C/Stufe 1** verrühren, 5 Minuten ruhen lassen. Mehl, Salz, Vanillezucker, 50 g Butter, Ei und Eigelbe in den Mixtopf geben und alles zusammen **5 Minuten/Teigknetstufe** zu einem geschmeidigen Teig kneten, umfüllen und ca. 1 Stunde abgedeckt an einem warmen Ort gehen lassen. Dann den Teig noch einmal durchkneten und wieder gehen lassen.

Eine Form mit der Butter ausstreichen. Aus dem Teig acht kleine Kugeln formen. Diese in den gemahlenen Haselnüssen wälzen und nebeneinander in die Form setzen. Noch einmal ca. 15 Minuten gehen lassen.

Das Wasser in den Mixtopf füllen, Deckel und Varoma aufsetzen. Form in den Varoma setzen und **ca. 15–20 Minuten/Varoma/Stufe 1** dämpfen.

Pro Portion:
476 kcal | 14 g E | 20 g F | 58 g KH

Herzlichen Glückwunsch zum Geburtstag! Seit 5 Jahren begeistert ihr (uns) durch leckere, kreative Rezeptideen und Tipps rund um das Kochen und Backen mit dem Thermomix®. Ob Low-Carb, vegan, herzhaft oder süß - eure Rezepte sind gesund, frisch, unkompliziert und vor allem lecker! Wir gratulieren ganz herzlich und bedanken uns für die sehr angenehme und vertrauensvolle Zusammenarbeit.
STÄDTER®
Die bunte Welt des Backens
Happy Birthday
Butterzart und mit Vanillesauce ein Traum!!!
LUCY

Gemüseravioli mit Speck-Mascarpone-Sauce

Zubereitungszeit: 25 Min.
Portionen: 2

Zutaten:
50 g Parmesan
500 g Wasser
400 g Gemüseravioli, aus dem Kühlregal
2 Schalotten
100 g Speckwürfel
20 g Olivenöl
20 g trockener Weißwein (alternativ: Gemüsebrühe)
40 g Mascarpone
2–3 Zweige Thymian, gewaschen,
trocken geschüttelt, Blättchen abgezupft
Salz & Pfeffer

Parmesan grob zerkleinern, in den Mixtopf geben und **5 Sekunden/Stufe 8** zerkleinern, umfüllen.

Wasser **5 Minuten/100°C/Stufe 1** aufkochen. Anschließend Gemüseravioli im Garkörbchen verteilen und **4 Minuten/80°C/Stufe 1** garen. Nach Garzeitende den Mixtopf entleeren, etwas Garwasser zur Seite stellen, Ravioli warm halten.

Schalotten schälen, halbieren und in den Mixtopf geben und **3 Sekunden/Stufe 5** zerkleinern, mit dem Spatel nach unten schieben. Speck und Olivenöl zufügen und **4 Minuten/120°C/Stufe 2** dünsten. Mit Weißwein ablöschen. Mascarpone und die Hälfte des Parmesans zugeben und **3 Minuten/70°C/Stufe 2** schmelzen lassen. Mit dem Spatel nach unten schieben. Mit Thymian, Salz und Pfeffer würzen.

Die Gemüseravioli in eine Schüssel geben und mit der Sauce vermischen, nach Bedarf etwas vom Nudelwasser hinzufügen. Auf einem Teller anrichten und mit dem restlichen Parmesan garnieren.

Pro Portion:
522 kcal | 28 g E | 28 g F | 38 g KH

THYMIAN

THYMIAN LÄSST SICH IM TOPF AUF DER TERRASSE ODER DEM BALKON SEHR GUT ÜBERWINTERN. IM FRÜHJAHR TUT IHM NEUE ERDE GUT - UND EIN RADIKALER RÜCKSCHNITT DER VERHOLZTEN ZWEIGE. MAN KANN FAST ZUSCHAUEN, WIE PRÄCHTIG ER SICH DANN ENTWICKELT. UND DAS ABZUPFEN VON DEN NEU GEWACHSENEN STIELEN IST ALLEMAL ANGENEHMER ALS VON DEN VERHOLZTEN.

Tomaten-Reistopf mit Schafskäse

RICE, RICE, BABY ...

Zubereitungszeit: 50 Min.
Portionen: 4

Zutaten:
2 Zwiebeln
je 1 grüne und rote Paprika
20 g Olivenöl
4 Tomaten
Salz & Pfeffer
500 g Tomatensaft
200 g Gemüsebrühe, fertig angerührt
200 g Langkornreis
3–4 Stiele Oregano, gewaschen, trocken geschüttelt, fein gehackt
250 g Schafskäse
2 Stiele Basilikum, gewaschen, trocken geschüttelt, Blättchen vom Stängel gezupft, grob zerkleinert

Zwiebeln schälen, Paprika waschen, halbieren, Kerngehäuse entfernen und in kleine Stücke schneiden. Zwiebeln in den Mixtopf geben und **5 Sekunden/Stufe 5** zerkleinern, mit dem Spatel nach unten schieben. Paprika und Öl zugeben und **5 Minuten/120°C/Stufe 1** erhitzen. Tomaten waschen, Stielansatz entfernen und würfeln. Tomaten zugeben und weitere **2 Minuten/120°C/Stufe 1** garen, mit Salz und Pfeffer würzen, mit dem Spatel nach unten schieben.

Tomatensaft und Gemüsebrühe zugeben und **5 Minuten/100°C/Stufe 1** aufkochen. Reis und Oregano zufügen und **ca. 35 Minuten/80°C/Linkslauf/Stufe 1** garen, bis keine Flüssigkeit mehr im Topf und der Reis weich ist.

Schafskäse in Würfel schneiden und mit dem Spatel unter den Reistopf mischen und 2–3 Minuten ziehen lassen. Mit Basilikum getoppt servieren.

Pro Portion:
434 kcal | 15 g E | 21 g F | 47 g KH

Basilikum

Basilikum bekommt nach dem Kleinschneiden schnell unschöne braune Schnittkanten. Um dies zu vermeiden, kann man ihn entweder zupfen oder die Sorte „Bubikopfbasilikum" verwenden (siehe Foto). Hier zupft man einfach die kleinen Blättchen ab und hat die Größe, die man für grob zerkleinertes Basilikum benötigt, die Schnittkante fällt aber weg.

VEGGIE FÜR DIE GANZE *Familie*

WER HAT DENN GESAGT, DASS VEGETARISCH LANGWEILIG SCHMECKEN MUSS!?! UNSERE BEST-OF-VEGGIE-REZEPTE AUS 5 JAHREN MIXX SCHMECKEN NICHT NUR EINGEFLEISCHTEN VEGETARIERN …

DAS REZEPT FINDET IHR AUF DER NÄCHSTEN SEITE

Cannelloni Verde

CANNELLONI VERDE

mit Brokkoli und Spinat!

Zubereitungszeit: 40 Min. plus Backzeit
Portionen: 4

Zutaten:
Cannelloni und Füllung:
100 g junger Gouda
400 g Brokkoli
500 g Gemüsebrühe, fertig angerührt
300 g TK-Spinat
1 Zwiebel
20 g Rapsöl
40 g Paniermehl
2 Eier (Größe M)
30 g Sahne
Salz & Pfeffer
1 Pck. Cannelloni-Rollen

MOLTO BUONO, QUESTI CANNELLONI!

Sauce:
1 Zwiebel
25 g Butter
25 g Mehl
250 g Sahne
1 Bund glatte Petersilie, gewaschen, trocken geschüttelt, Blättchen vom Stängel gezupft, gehackt

Gouda in groben Stücken in den Mixtopf geben und **5 Sekunden/Stufe 8** zerkleinern, umfüllen.

Brokkoli waschen und in Röschen teilen. Angerührte Gemüsebrühe in den Mixtopf geben, Brokkoli und Spinat in den Varoma legen, Varoma aufsetzen und **20 Minuten/Varoma/Stufe 1** garen. Varoma abnehmen, Brühe in eine Schüssel umfüllen.

Zwiebel schälen und halbiert in den Mixtopf geben und **5 Sekunden/Stufe 5** zerkleinern, mit dem Spatel nach unten schieben. Öl zufügen und **4 Minuten/120°C/Stufe 1** andünsten. Brokkoli und Spinat zugeben und **30 Sekunden/Stufe 7** pürieren, mit dem Spatel nach unten schieben. Paniermehl, Eier, Sahne zugeben, mit Salz und Pfeffer würzen und alles zusammen **10 Sekunden/Stufe 3** vermischen.

Cannelloni-Röllchen mit der Masse befüllen und in eine gefettete Auflaufform legen. Dazu am besten einen Spritzbeutel (Gefrierbeutel) nehmen, Masse einfüllen, eine kleine Ecke abschneiden und die Cannelloni damit befüllen. Mixtopf reinigen.

Backofen vorheizen auf 180°C Ober-/Unterhitze.

Für die Sauce die Zwiebel schälen und halbiert in den Mixtopf geben und **5 Sekunden/Stufe 5** zerkleinern, mit dem Spatel nach unten schieben. Butter zugeben und **3 Minuten/120°C/Stufe 1** dünsten. Mehl dazugeben und **10 Sekunden/Stufe 3** vermischen. Sahne nach Geschmack und etwas von der verwahrten Brühe zugeben und **5 Minuten/100°C/Stufe 1** köcheln lassen. Sauce abschmecken und über die Cannelloni-Röllchen geben. Gouda darüber verteilen und im vorgeheizten Backofen ca. 30 Minuten überbacken.

PRO PORTION:
997 kcal | 33 g E | 46 g F | 117 g KH

MEDITERRANE FETA-TASCHEN aus Blätterteig

Zubereitungszeit: 15 Min. plus Backzeit
Portionen: 6

Zutaten:
300 g Tomaten
200 g Feta
2 Knoblauchzehen
einige gehackte Pinienkerne
Pfeffer & Salz
20 g Olivenöl
2 Rollen Blätterteig
2 Eigelbe
1 EL Kräuter der Provence, getrocknet & gemahlen

URLAUBS-FEELING FÜR ZU HAUSE

Tomaten waschen, trocken tupfen, die Stiele entfernen und die Tomaten in kleine Würfel schneiden, ebenso den Feta. Knoblauchzehen schälen und mit den Pinienkernen in den Mixtopf geben und **3 Sekunden/Stufe 5** zerkleinern, mit dem Spatel nach unten schieben. Tomaten und Feta in den Mixtopf geben, salzen, pfeffern, Olivenöl hinzufügen und mit dem Spatel vermischen.

Die Blätterteigrollen in insgesamt zwölf gleich große Rechtecke schneiden. Auf sechs der Rechtecke die Tomaten-Feta-Masse jeweils in der Mitte verteilen. Die Ränder mit verrührtem Eigelb bestreichen und die übrigen sechs Rechtecke drauflegen. Die Ränder rundherum mit einer Gabel gut zusammendrücken, damit beim Backen nichts ausläuft.

Die Taschen mit dem übrigen Eigelb bestreichen und mit den Kräutern bestreuen. Auf ein mit Backpapier ausgelegtes Blech setzen und bei 180°C Umluft ca. 15–20 Minuten backen. Die Taschen sollen schön goldgelb sein.

PRO PORTION:
672 kcal | 15 g E | 47 g F | 47 g KH

SYLVIA LÜHERT (L.) UND DOROTHEE HOLSTEN AUS DEM MIXX-TEAM

Einfach
lecker

Mediterrane Gemüse-Lasagne

Zubereitungszeit: 20 Min. plus Backzeit
Portionen: 3

Zutaten:
Lasagne:
1 rote Paprikaschote
1 gelbe Paprikaschote
1 Zucchini
200 g Cocktailtomaten
100 g Käse (z. B. Gouda)
6 Lasagneplatten

Sauce:
1 EL frische Rosmarinnadeln
1 Knoblauchzehe
2 TL Röstzwiebeln
1 TL getrockneter Thymian
1 TL getrockneter Oregano
250 g lauwarmes Wasser
150 g Sahne
1 TL Salz
Pfeffer
1 leicht gehäufter TL Gemüsebrühpulver
1 EL Speisestärke

Außerdem:
Auflaufform (20 x 20 cm, 5 cm Höhe)

Paprika und Zucchini putzen, waschen und in Würfel schneiden. Tomaten waschen und halbieren. Backofen vorheizen auf 200°C Ober-/Unterhitze (Umluft: 180°C).

Käse in groben Stücken in den Mixtopf geben und **3 Sekunden/Stufe 8** zerkleinern, umfüllen, Mixtopf reinigen.

Rosmarinnadeln, geschälten Knoblauch und Röstzwiebeln in den Mixtopf geben und **5 Sekunden/Stufe 7** zerkleinern, mit dem Spatel nach unten schieben. Die restlichen Zutaten für die Sauce dazugeben und **10 Sekunden/Stufe 4** vermischen. Gemüse und Cocktailtomaten dazugeben und **4 Minuten/100°C/Linkslauf/Sanftrührstufe** erhitzen.

Die Sauce mit dem Gemüse im Wechsel mit den Lasagneplatten in eine Auflaufform schichten. Zum Schluss mit dem geriebenen Käse bestreuen und im vorgeheizten Backofen ca. 30 Minuten backen.

PRO PORTION:
495 kcal | 16 g E | 29 g F | 39 g KH

DOROTHEE HOLSTENS
LIEBLINGSLASAGNE

„IN FÜNF JAHREN MIXX KOMMEN VIELE LECKERE REZEPTE ZUSAMMEN; SCHWER, SICH AUF EIN LIEBLINGSREZEPT FESTZULEGEN. AN DIESE GEMÜSE-LASAGNE ERINNERE ICH MICH GERNE – LEICHT, LECKER & GESUND – MEINE LIEBLINGS-KOMBI …"

NUDELN mit Joghurtpesto

Zubereitungszeit: 10 Min. plus Kochzeit
Portionen: 4

BASILIKUM
IST UND BLEIBT EINES UNSERER LIEBLINGSKRÄUTER – WEIL SO VIELSEITIG UND UNVERWECHSELBAR

JOGHURT ZAUBERT FRISCHE AUF DEN TELLER

Zutaten:
500 g Spaghetti
100 g grünes Pesto
200 g Vollmilchjoghurt
50 g gemahlene Mandeln
Salz & Pfeffer
100 g Parmesan (Stück)
2 Stiele Basilikum, gewaschen, trocken geschüttelt

Nudeln nach Packungsanweisung garen.

Pesto mit Joghurt und Mandeln in den Mixtopf geben und **10 Sekunden/Stufe 3,5** verrühren, mit Salz und Pfeffer abschmecken, umfüllen, Mixtopf ausspülen.

Käse in groben Stücken in den Mixtopf geben und **10 Sekunden/Stufe 8** zerkleinern.

Nudeln abgießen und zurück in den Topf geben. Mit dem Joghurtpesto mischen. Auf Tellern anrichten, mit Käse bestreuen und mit dem Basilikum anrichten.

PRO PORTION:
796 kcal | 33 g E | 29 g F | 98 g KH

SYLVIA LÜHERTS PASTA-FAVORIT SEIT 5 JAHREN

„ICH LIEBE EINFACH PASTA IN ALLEN VARIATIONEN: DIE SAUCE IST IM THERMOMIX® SCHNELL GEMACHT, DIE GANZE FAMILIE LIEBT NUDELN UND IRGENDWIE KOMMT ITALIEN-FEELING AUF! DAS JOGHURT-PESTO IST HIMMLISCH, WEIL ES NICHT SO FETT WIE DAS ORIGINAL IST UND TROTZDEM SUPERLECKER SCHMECKT …"

Aromastark

SYLVIA LÜHERT
AUS DEM MIXX-TEAM

Für alle BURGER-Fans

BURGER
mit gebratenem Halloumikäse

Zubereitungszeit: 30 Min. (bei fertigen Buns) plus Marinierzeit
Portionen: 4

Zutaten:
2 kleine rote Zwiebeln
3 Knoblauchzehen
1 Stiel Salbei, gewaschen, trocken geschüttelt, die Blättchen abgezupft
1–2 Zweige Rosmarin, gewaschen, trocken geschüttelt, die Nadeln abgestreift
30 g Olivenöl
2 Pck. (à 200 g) Halloumikäse (Grillkäse)
1 Avocado
Saft von einer Limette
30 g Crème fraîche
Salz & Pfeffer
1 Glas geröstete Paprika, 370 ml
4 Burgerbrötchen mit Sesam (Rezept siehe rechts)
75 g Rucola, geputzt, gewaschen, trocken geschüttelt

Zwiebel und Knoblauchzehen geschält mit den Kräutern in den Mixtopf geben und **3 Sekunden/Stufe 5** zerkleinern, mit dem Spatel nach unten schieben. Olivenöl zugeben und **10 Sekunden/Stufe 3** vermischen. Käse in eine Schüssel geben, mit der Marinade bedecken und ca. 2 Stunden marinieren.

Eine beschichtete Pfanne erhitzen. Käse mit der Marinade in der heißen Pfanne von beiden Seiten 2–3 Minuten scharf anbraten, aus der Pfanne nehmen.

Fruchtfleisch der Avocado aus der Schale lösen, mit dem Saft der Limette und Crème fraîche in den Mixtopf geben und **5 Sekunden/Stufe 4** pürieren, mit dem Spatel nach unten schieben, Vorgang evtl. wiederholen, mit Salz & Pfeffer würzen.

Geröstete Paprika abschütten, trocken tupfen und in grobe Stücke schneiden. Burgerbrötchen halbieren. Die Schnittflächen mit je 2 EL Avocado-Dip bestreichen. Untere Hälften zuerst mit Paprika belegen, dann den Käse daraufgeben. Rucola darauf verteilen und mit dem Brötchendeckel abschließen. Sofort servieren.

PRO PORTION:
1157 kcal | 38 g E | 61 g F | 108 g KH

BUNS

Zubereitungszeit: 20 Min. plus Geh- und Backzeit
Portionen: 10

Zutaten:
25 g frische Hefe
20 g Zucker
50 g Butter
250 g Milch
125 g Wasser
600 g Mehl, Type 405
1 Ei (Größe M)
1 TL Salz
1 Eigelb
2 EL Milch
2 EL Sesam

SELBSTGEMACHT SCHMECKT AM BESTEN

Außerdem:
Mehl für die Arbeitsfläche

Milch, Hefe und Zucker in den Mixtopf geben und **3 Minuten/37°C/Stufe 2** verrühren, anschließend zehn Minuten ruhen lassen. Butter, Wasser, Salz, Mehl und Ei hinzufügen und **5 Minuten/Teigknetstufe** zu einem elastischen Teig verkneten, umfüllen und zugedeckt an einem warmen Ort ca. 45 Minuten ruhen lassen.

Den Teig auf einer bemehlten Arbeitsfläche mit den Händen kurz durchkneten. Daraus ca. zehn runde Teiglinge formen und auf zwei mit Backpapier ausgelegte Backbleche setzen. Zugedeckt weitere 20 Minuten ruhen lassen.

Den Backofen vorheizen (E-Herd: 200°C / Umluft: 175°C / Gas: siehe Hersteller).

Eigelb mit 2 EL Milch verquirlen, Brötchen damit bestreichen und mit Sesam bestreuen. Blechweise nacheinander im vorgeheizten Backofen ca. 15-20 Minuten backen, herausnehmen und abkühlen lassen.

PRO PORTION:
288 kcal | 9 g E | 7 g F | 46 g KH

MAKKARONI mit Tomaten-Mozzarella-Creme

Zubereitungszeit: 25 Min.
Portionen: 4

Zutaten:
1 Zwiebel
2 Knoblauchzehen
20 g Olivenöl
1 EL getrocknete italienische Kräuter
2 Dosen stückige Tomaten, à 425 g
500 g Wasser
2 TL Gemüsebrühpulver
400 g kurze Nudeln (z. B. Makkaroni)
Salz & Pfeffer
1 Prise Zucker
4 Stiele Dill, gewaschen, trocken geschüttelt, Fähnchen abgezupft
4 Stiele Basilikum, gewaschen, trocken geschüttelt, Blättchen abgezupft
100 g Schmand
1 Packung Mini-Mozzarella-Kugeln, 125 g
1–2 TL Chiliflocken

ES MUSS NICHT IMMER BOLO SEIN ...

Zwiebel und Knoblauch schälen und in groben Stücken in den Mixtopf geben, **3 Sekunden/Stufe 5** zerkleinern, mit dem Spatel nach unten schieben. Öl zugeben und **4 Minuten/120°C/Stufe 1** andünsten. Italienische Kräuter, Tomaten und Wasser zugießen, mit dem Spatel einmal durchmischen. Brühe und Makkaroni einrühren, mit Salz, Pfeffer und Zucker würzen, **7 Minuten/100°C/Linkslauf/Stufe 1** aufkochen und dann weitere **5 Minuten/80°C/Stufe 1** köcheln lassen.

Kräuter grob zerkleinern und beiseitestellen.

Schmand und Mozzarella mit dem Spatel locker unter die Nudeln heben und mit Chili abschmecken. Mit Kräutern bestreuen und sofort servieren.

PRO PORTION:
614 kcal | 22 g E | 21 g F | 83 g KH

FETTUCCINE ALFREDO

Zubereitungszeit: 20 Min.
Portionen: 4

Zutaten:
200 g Parmesan
80 g Butter
2 Knoblauchzehen
400 g Sahne
Salz & Pfeffer
500 g Fettuccine, frisch
4 EL Petersilie

Parmesan in groben Stücken in den Mixtopf geben und **5 Sekunden/Stufe 8** zerkleinern, umfüllen.

60 g Butter in den Mixtopf geben und **3 Minuten/100°C/ Stufe 1** schmelzen. Knoblauchzehen schälen und zufügen und **1 Minute/100°C/Stufe 1** anschwitzen. Sahne zugeben und **3 Minuten/80°C/Stufe 1** ohne Messbecher köcheln lassen, mit Salz und Pfeffer würzen. 150 g Parmesan zugeben und **1 Minute/80°C/Stufe 2** unterrühren und schmelzen lassen.

Fettuccine nach Packungsanweisung zubereiten und dann in eine große Schüssel geben. Sahnesauce, Petersilie und 20 g Butter zugeben und unterheben. Mit Salz und Pfeffer abschmecken. Pasta mit dem restlichen Parmesan servieren.

PRO PORTION:
873 kcal | 30 g E | 64 g F | 43 g KH

DER BELIEBTE KLASSIKER

PARMESAN GIBT ES AUCH ALS VEGETARISCHE VARIANTE

PASTA UMBERTO

Zubereitungszeit: 30 Min.
Portionen: 4

Zutaten:
50 g Parmesan
100 g Schalotten
1 Knoblauchzehe
3 EL Olivenöl
1 EL Tomatenmark
1 Dose geschälte Tomaten, 400 g
Salz & Pfeffer
½ TL Chiliflocken
2 TL Zucker
500 g Spaghetti
1 TL Abrieb einer Bio-Zitrone
100 g Ricotta
1 Bund Petersilie, gewaschen, trocken geschüttelt, Blättchen vom Stängel gezupft
1 Bund Basilikum, gewaschen, trocken geschüttelt, Blätter abgezupft

Parmesan in groben Stücken in den Mixtopf geben und **3 Sekunden/Stufe 8** zerkleinern, umfüllen.

Schalotten und Knoblauch schälen, in den Mixtopf geben und **5 Sekunden/Stufe 5** zerkleinern, mit dem Spatel nach unten schieben. Olivenöl zugeben und **4 Minuten/120°C/Stufe 1** dünsten. Tomatenmark zugeben und **1 Minute/120°C/Stufe 1** mit andünsten. Dosentomaten dazugeben und mit Salz, Pfeffer, Chiliflocken und Zucker würzen und **20 Minuten/80°C/Stufe 1** ohne Messbecher köcheln lassen.

Nudeln nach Packungsanleitung in Salzwasser bissfest kochen.

Inzwischen den Parmesan mit dem Ricotta und der Zitronenschale grob verrühren. Die Kräuter fein hacken.

Zum Servieren die Nudeln mit dem Tomatensugo vermengen, Ricotta-Mischung in Flocken darauf verteilen und die Kräuter darüberstreuen.

PRO PORTION:
673 kcal | 25 g E | 16 g F | 105 g KH

ZITRONE
SORGT FÜR EINEN FRISCHE-KICK

CHRISTINE BIRNBAUM AUS DEM MIXX-TEAM

„DER DREIKLANG AUS PASTA, SAUCE UND KÄSE IST FÜR MICH EINE DER BESTEN ERFINDUNGEN DER KÜCHE ÜBERHAUPT! EGAL OB SCHNELLER TELLER ODER MIT AUFWENDIGEN SAUCEN – NUDELN MACHEN DAS LEBEN EINFACH SCHÖNER, WIE DIESE WUNDERBARE PASTA UMBERTO!"

SPAGHETTI

mit Linsenbolognese

Zubereitungszeit: 45 Min.
Portionen: 4

Zutaten:
175 g getrocknete Tellerlinsen
2 Möhren
2 rote Paprikaschoten
1 rote Zwiebel
1-2 Knoblauchzehen
2 EL Öl
1 Dose Tomaten, 850 g
200 g Gemüsesaft
300 g Wasser
500 g Spaghetti
3 Stiele Basilikum, gewaschen, trocken geschüttelt, Blätter abgezupft
4 Stiele Thymian, gewaschen, trocken geschüttelt, Blättchen abgezupft
Salz & Pfeffer
1 Prise Zucker
50 g Parmesan

Die Linsen mit Wasser abspülen und gut abtropfen lassen.

Möhren, Paprika, Zwiebel und Knoblauch putzen, schälen und in groben Stücken in den Mixtopf geben und **5 Sekunden/ Stufe 5** zerkleinern, mit dem Spatel nach unten schieben. Öl und Linsen zugeben und **5 Minuten/120°C/Stufe 1** dünsten.

Tomaten, Gemüsesaft und Wasser zugeben, einmal mit dem Spatel durchrühren und **7 Minuten/100°C/Stufe 1** aufkochen, anschließend **30 Minuten/80°C/Stufe 1** ohne Messbecher köcheln lassen.

Nudeln nach Packungsanweisung garen.

Kräuter grob hacken und zur Sauce geben. Sauce mit Salz, Pfeffer und Zucker abschmecken.

Nudeln abgießen und mit der Sauce mischen. Parmesan **3 Sekunden/Stufe 8** zerkleinern. Nudeln anrichten und mit Käse bestreuen.

PRO PORTION:
783 kcal | 33 g E | 12 g F | 133 g KH

BASILIKUM & CO.
BEKOMMT IHR JA INZWISCHEN IN FAST JEDEM SUPERMARKT IM TOPF ZU KAUFEN. DAS HAT DEN VORTEIL, DASS MAN IMMER FRISCHE KRÄUTER ZUR HAND HAT. TIPP: TOPF LIEBER IN DEN SCHATTEN STATT IN DIE SONNE STELLEN.

Lecker vegetarisch

SYLVIA LÜHERT HAT EIN FAIBLE FÜR LINSEN

5 JAHRE MIXX

30 AUSGABEN 1 ZIEL

LECKERE REZEPTE FÜR EUCH!!!

5 Jahre MIXX in diesem kleinen Text hier zusammenzufassen, ist nicht ganz leicht. Versuchen wir es mal: Am Anfang war, wie so oft, eine Idee. MIXX-Verleger Franz-Christoph Heel erinnert sich ganz genau: „Kein Verlag hatte vor fünf Jahren ein Thermomix®-Magazin auf dem Markt. Weil die mixxtipp-Bücher meiner Frau Antje gut gingen, haben wir uns gedacht: Warum nicht eine Zeitschrift wagen!?!" Der verlegerische Mut wurde belohnt: Die erste Ausgabe wurde aus dem Stand 50.000 Mal verkauft. Heel: „Wir mussten sogar nachdrucken. Mit diesem Erfolg hatte wirklich keiner gerechnet!" Schon gar nicht damit, dass man bald über 100.000 Exemplare der MIXX an die Frau und den Mann bringen würde. Kein Wunder: Andere Verlage hatten noch keinen Titel mit Rezepten für den Thermomix® im Programm, der Heel-Verlag hatte somit vor fünf Jahren ein eigenes Zeitschriften-Segment begründet, was man auch nicht alle Tage schafft. Klar: Schnell hatten andere Häuser nachgezogen, zwischenzeitlich gab es 11 Thermomix®-Zeitschriften mit einer Gesamtauflage von über 500.000.

Jetzt bleiben noch zehn Zeilen für die junge (Erfolgs-)Geschichte der MIXX: Danke Regina Schauwecker, erste Chefredakteurin, Pionierarbeit! Danke, Manuela & Joëlle Herzfeld für Eure großartigen Rezepte und Euren wichtigen Rat! Danke Christine Birnbaum, wunderbare Autorin und Objektleiterin! Danke Andrea Martens, lange Jahre Art-Direktorin und Food-Sylistin, top! Danke Antje – weltbeste Herausgeberin! Danke Maud Roßdeutscher fürs tolle Lektorieren. Und natürlich: Danke Cheffe – für deinen Mut damals, die MIXX zu gründen und für Dein Vertrauen in mich und das ganze MIXX-Team. Die Gläser hoch – auf die nächsten 5 Jahre!

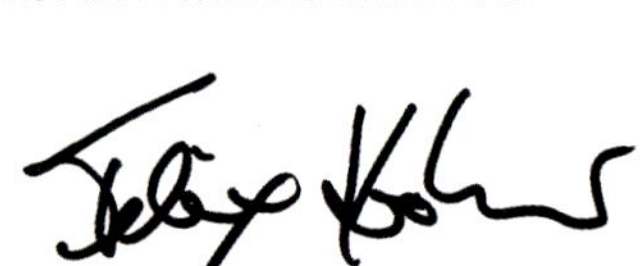

2019 STEIGT DIE ERSTE MIXX-MESSE IN KÖLN

MANUELA HERZFELD (L.), FELIX KROHMER, JOËLLE HERZFELD

ANTJE HEEL BEIM FOTOSHOOTING MIT MARCO HARTZ UND KOLJA KLEEBERG

LINKS: NICHT NUR DIE BÜCHER, AUCH DIE MIXX-SPECIALS VON MANU UND JOËLLE HERZFELD WAREN EIN VOLLER ERFOLG
RECHTS: YININ GOT (L.), FELIX KROHMER, JOËLLE UND MANUELA HERZFELD BEIM SHOOTING IN ITALIEN

FREUNDE DER MIXX: VÉRONIQUE WITZIGMANN MIT IHREM MANN VOLKER DEBUS

+++ MIXX PIXELS +++

MARGIT GROMMES, HERSTELLUNG, BILDBEARBEITUNG

KIM BENDER HAT EINE NEUE RUBRIK IN DER MIXX: TRENDREZEPTE

Gestatten Sie, dass wir uns kurz vorstellen …

HIER IST UNSER AKTUELLES TEAM:

SYLVIA LÜHERT (L.) ENTWICKELT DIE MEISTEN REZEPTE IN DER MIXX (SIEHE INTERVIEW RECHTS; CHRISTINE BIRNBAUM (OBJEKTLEITUNG) SCHREIBT UNS KLASSE TEXTE

CHEESE

ALLEIN UNTER FRAUEN: FELIX KROHMER, CHEFREDAKTEUR

DOROTHEE HOLSTEN GIBT GESUNDHEITSTIPPS UND KOCHT MIT SYLVIA BEIM SHOOTING

MIXX INTERVIEW

MIXX-REZEPTENTWICKLERIN

SYLVIA LÜHERT

Wenn Du von den rund 1000 Rezepten, die Du in den letzten fünf Jahren exklusiv für die MIXX entwickelt hast, fünf ganz besonders leckere heraussuchen müsstest – welche wären das?
Schwierig. Lass mich nachdenken … Wir haben uns ja schon schwer getan, aus all den Rezepten eine Auswahl für dieses Special zu treffen – wir haben einfach zu viele leckere Rezepte im Lauf der Jahre gekocht! Zu meinen absoluten Lieblingen gehören: Spaghetti-Auflauf all'Amatriciana, Schweinefilet im Speckmantel mit Cambozola-Reis und Hähnchenbrust mit Mango und Ananas. Und: Ich mag Kräuterbutter in allen Variationen. Eine Freundin hat die einmal mit getrockneten Tomaten gemacht – ein Traum!!! Natürlich habe ich das gleich ausprobiert. Und mit Walnüssen verfeinert. Das schätze ich sehr an meinem Job: Neues auszuprobieren.

Verrate uns Dein Geheimnis: Wie kommst Du auf immer neue Ideen für die vielen Rezepte in der MIXX?
Ich lese viele Kochbücher sowie Zeitschriften und bin viel im Internet in Sachen Food unterwegs. Daheim, im Restaurant, bei Freunden oder im Urlaub lasse ich mich von Gerichten oder Zutaten – am liebsten regional und saisonal – inspirieren und bin immer offen für neue Gerichte. Ich liebe es, in südlichen Ländern über Märkte zu schlendern. Die Produkte dort, vor Ort gereift, laden einfach ein, in der Küche verarbeitet zu werden. Da sind der Phantasie keine Grenzen gesetzt.

Wie hoch ist eigentlich Deine Trefferquote bei neuen Rezepten?
80 Prozent. Manche Rezepte fallen auch durch, weil sie in der Praxis dann doch nicht überzeugt haben. Das Finetuning findet dann immer bei unserem Shooting statt. Wir kochen alle Rezepte für die MIXX selbst und probieren dann. Was uns nicht zu 100 Prozent glücklich macht, schafft es nicht ins Heft …

Kochen können ist das eine. Ein Rezept zu schreiben ist noch mal was anderes. Woher kannst Du das?
Ich habe schon immer – auch vor dem Thermomix® – sehr viel gekocht. Das ist natürlich eine wichtige Voraussetzung. Und: Man muss sich für Lebensmittel und deren Eigenschaften interessieren. Und das Allerwichtigste ist ein Gefühl dafür zu haben, was anderen schmecken könnte.

Und wie schaffst Du es, auf Knopfdruck kreativ zu sein?
Ganz einfach: Weil ich liebe, was ich tue!!!

IMPRESSUM

MIXX – Küchenspaß mit dem Thermomix® ist ein unabhängiges Magazin für Nutzer der Küchenmaschine „Thermomix®" und erscheint in der HEEL Verlag GmbH. Die HEEL Verlag GmbH hat keine Markenrechte am Zeichen Thermomix®, dieses ist eine eingetragene Marke der Firmengruppe Vorwerk. MIXX ist eine eingetragene Marke beim DPMA unter der Registernummer 302015214086. Magazin und Rezepte sind in eigener Verantwortung der HEEL Verlag GmbH entstanden.

Verlag:
Heel Verlag GmbH
Gut Pottscheidt, 53639 Königswinter
Tel.: 02223 9230-0, Fax: 02223 9230-13
Herausgeberin:
Antje F. Heel
Verlagsleitung Zeitschriften:
Franz-Christoph Heel

Chefredaktion:
Felix Krohmer (V.i.S.d.P.; frei)
krohmer@mac.com

Gestaltung:
Christine Mertens

Lektorat:
Maud Roßdeutscher (frei)

Bildbearbeitung:
Margit Grommes

Fotonachweise:
Jo Kirchherr
© Adobe Stock: 1, 3, 4, 5, 6, 7, 10, 11, 12, 35, 40, 57, 61, 66, 67, 79, 83, 94, 96, 102, 114, 115, 116, 118, 120, 121, 122, 124, 126, 144

Objektleitung:
Christine Birnbaum
Heel Verlag GmbH
Gut Pottscheidt, 53639 Königswinter
Tel.: 02223 9230-12, Fax: 02223 9230-26
E-Mail: c.birnbaum@heel-verlag.de

Anzeigenleitung:
Sylvia Lühert
Heel Verlag GmbH
Gut Pottscheidt, 53639 Königswinter
Tel.: 02223 9230-41, Fax: 02223 9230-26
E-Mail: s.luehert@heel-verlag.de

Anzeigenpreise: Es gilt die Preisliste für Anzeigen 2020.

MIXX-Leserservice:
Heike Becker
Gut Pottscheidt, 53639 Königswinter
Tel.: 02223 9230-42, Fax: 02223 9230-26
E-Mail: h.becker@heel-verlag.de

Herstellung:
Martina Rolfs, Margit Grommes

Druck:
Frank Druck GmbH & Co. KG
- ein Unternehmen
der Eversfrank Gruppe -
Industriestraße 20 | D-24211 Preetz

Vertrieb:
VU Verlagsunion KG
Meßberg 1, 20086 Hamburg
Tel.: 040 3019-1800, Fax: 040 3019-1815

Vertrieb Schweiz und Österreich (nur Einzelheftbestellungen):
Heel Verlag GmbH
Gut Pottscheidt, 53639 Königswinter
Tel.: +49 531 7088560
Fax: +49 531 708601
E-Mail: bestellung@vsb-service.de

Gerichtsstand: Königswinter

Postvertriebszeichen: 09298
ISSN: 2365-9580
ISBN: 978-3-96664-170-8

Datenschutzerklärung:
ds.heel-verlag.de

SPECIAL GUEST: MANUELA & JOËLLE HERZFELD VON FOODWITHLOVE.DE
DANKE EUCH, DASS IHR MITGEMACHT HABT!!!